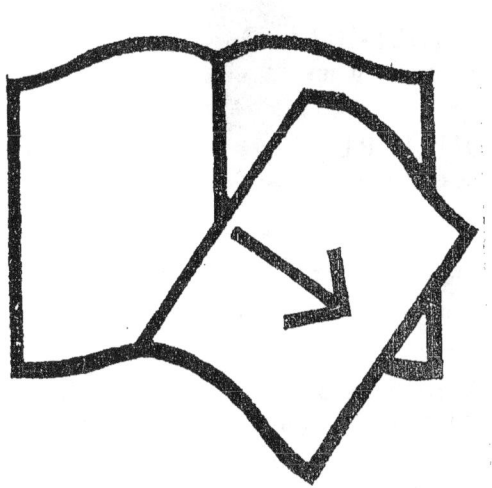

Couverture supérieure manquante

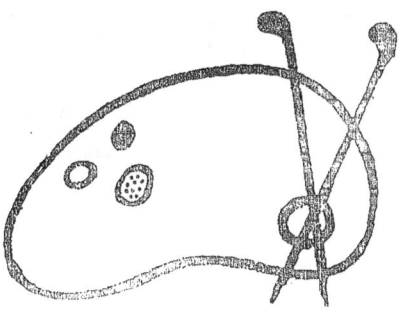

Original en couleur
NF Z 43-120-8

## A LA MÊME LIBRAIRIE
### ET CHEZ TOUS LES LIBRAIRES

ARMAND SILVESTRE

### LES FACÉTIES DE CADET-BITARD
Un beau volume in-18 jésus. Prix : 3 fr. 50

### AU PAYS DU RIRE
Un beau volume, illustré par CLÉRICE. Prix : 3 fr. 50

### LES GAULOISERIES NOUVELLES
Un beau volume, illustré par JOB. Prix : 3 fr. 50

### FABLIAUX GAILLARDS
Un beau volume, illustré par BLASS. Prix : 3 fr. 50

### JOYEUX DEVIS
Un beau volume, illustré par CLÉRICE. Prix : 3 fr. 50

### LE LIVRE DES JOYEUSETÉS
Un beau volume, illustré par RIP. Prix : 3 fr. 50

### CONTES INCONGRUS
Un beau volume, illustré par CLÉRICE. Prix : 3 fr. 50

# FANTAISIES

# GALANTES

ÉMILE COLIN — IMPRIMERIE DE LAGNY

ARMAND SILVESTRE

# FANTAISIES
# GALANTES

PARIS
A LA LIBRAIRIE ILLUSTRÉE
8, RUE SAINT-JOSEPH, 8

Tous droits réservés.

FEU POMMIER

## FEU POMMIER

J

Presque au bout de la petite ville — Corbeil ne m'en voudra pas de la traiter ainsi — apparaissant, le plus souvent, dans les doubles vapeurs de la Seine et du canal qui conduit, par eau, à Essonnes, l'église de Saint-Spire, curieuse par le tombeau du comte Roymond, élève son clocher d'où monte, pour moi, mêlés aux sonneries dominicales, toute une volée de souvenirs d'enfance, ceux-ci aux ailes blanches comme des colombes, ceux-là aux ailes noires comme des corneilles. J'y ai connu les premières douceurs mystiques du rêve et versé mes premières larmes. Dans ce paysage que je revois rarement, elle m'est comme un appel des illusions pâlies et des tendresses évanouies. Tout autour, les maisons aux toits d'ardoises dessinent le moutonnement bleuâtre d'une mer très calme, et je devine, derrière, tout ce qui me fut une promenade, un motif d'école buissonnière, et ce vieux quai de la Pêcherie où l'on mangeait des matelotes. J'entends le bourdonnement des moulins qu'on transforme, secouant alors à leurs vannes une poussière d'eau, une véritable cendre d'argent. Et ce carrefour d'arbres, sur la gauche, où se passait la solennité foraine de la fête annuelle, où je connus l'amour aux pieds d'une jeune écuyère du cirque Loyal que je n'ai jamais oubliée? Toutes ces innocences d'antan sont quelquefois comme un bercement très doux à ma pensée. S'il m'était donné de revivre des années passées depuis, profiterais-je bien vraiment de l'expérience coûteusement acquise? Peut-être, mais certainement au prix de toutes mes vraies joies! Alors, à quoi bon rêver de recommencer? Je crois fermement que regrets et remords sont tout ce qu'il y a de plus inutile au monde. Nous apportons en nous-mêmes, et par le seul fait de naître, une somme de fatalités qu'il nous faut subir les unes après les autres, qui sont la logique même de notre nature et sans lesquelles nous ne serions plus nous, mais un voisin quelconque qui a pris notre figure, nos habits et notre nom.

Mais que me voilà loin déjà de Corbeil et de l'église Saint-Spire !

J'y ai pourtant beaucoup pensé hier, en apprenant, dans une rencontre avec ma camarade Juliette, que M. Pommier était mort.

Ma camarade Juliette a fait sa première communion avec moi. Puis nous avons suivi des chemins différents dans la vie. Je suis entré à l'Ecole polytechnique et elle a, comme on dit, mal tourné. Elle était belle fille et n'avait aucun goût pour les privations. Encore une qui a tout simplement suivi la seule route qui s'ouvrît vraiment devant elle. Elle a fait la noce et beaucoup de gens ne s'en sont pas plaints. Croiriez-vous que j'ai été un des rares hommes de mon temps qu'elle ait systématiquement exclus de ses faveurs ? Et tout ça pour ces souvenirs d'enfant qui ne lui permettaient pas de me regarder comme un autre. Ah ! ce qu'elles sont comiques, les filles ! Elle me disait avec un sérieux : « Non ! il me semble que nous ferions mal ! » Je ;'en moque ! Enfin, je ne suis pas rancunier. C'est pour moi une originalité dans un temps où tout le monde cherche, par quelque singularité, à attirer l'attention sur soi. — « Comment ! Juliette t'a résisté ? — Oui. » Et je vois tout le monde rire. Quand nous nous rencontrons, nous causons comme deux vieux amis. Nous parlons de nos conditions respectives, de l'année où j'ai été décoré et de celle où elle a été vendue. Nous ne sommes fiers ni l'un ni l'autre. Je lui dis quand ça va bien et elle se plaint carrément devant moi quand les affaires vont mal. Je lui conte mes espérances au théâtre et elle ses craintes d'avoir été prise, une fois de plus, pour une gamine. Et quand je la quitte, je me dis que je n'ai vraiment pas de chance.

Oui, c'est elle qui m'a appris, comme un gros événement, que M. Pommier, à un âge très avancé d'ailleurs, avait quitté cette vallée de larmes.

II

Après M. Rémy, suisse de l'église Saint-Spire, M. Pommier nous semblait un des hommes les plus considérables à qui nous pussions parler. Certes il n'avait pas la majesté de M. Rémy, un gros homme aux mollets magnifiques, portant sans emphase la graine d'épinards, et sans anachronisme la hallebarde. Ah! ce M. Rémy, quel sujet d'admiration pour nous pendant la messe! Il vous avait une façon de chasser les chiens qui venaient pisser contre le bénitier, laquelle vous faisait penser aux attitudes héroïques des grands hommes de l'histoire sainte. Je ne sais pourquoi je ne puis encore me représenter Abner qu'avec les traits et sous le costume de ce suisse paroissial, non pas que ce bon Rémy ait, à ma connaissance, jamais trahi une reine l'ayant investi de sa confiance, comme le jean-foutre dont Racine a voulu, si mal à propos, nous faire un modèle de probité religieuse et de foi politique. Non! il était cordonnier dans les entr'actes de sa vie militaire et sacerdotale, et quand, les jours de semaine, nous le

voyions, Juliette et moi, à son échoppe et tirant, des
deux mains, sur le fil poissé, nous admirions sa
simplicité laborieuse et l'humilité touchante des
goûts de ce soldat chrétien. Plus instruit dans la
science profane, je l'eusse comparé, non plus à Abner, mais à Cincinnatus.

M. Pommier, lui, le mort du jour, n'était que sacristain ! Mais quel sacristain coquet ! Il fallait le
voir ainsi, sa chaîne de doublé au cou, dans son habit retroussé sur le derrière, à la mousquetaire,
bien pris et serré de près dans sa culotte noire, à
la boucle de métal, dans ses bas sombres et dans
ses souliers Molière, une façon de caducée à la
main comme le dieu Mercure, reniflant le benjoin
des cassolettes sacrées avec un sourire voluptueux,
tandis que de petits nuages bleuâtres se posaient,
comme des papillons, dans ses favoris dignes d'un
notaire ou d'un huissier-audiencier. Le sentiment
visible de sa dignité, une figure vraiment ministérielle, des manières onctueuses sans afféterie, une
déférence instinctive pour un clergé qui n'est pas
cependant la science en personne, cet homme avait
vraiment tout pour lui. Nous apprîmes seulement
depuis — nous le regardions en ce temps comme
un saint — que M. Pommier était adoré des femmes. Oh ! non pas des vieilles dévotes qui venaient
marmotter des oraisons sous la basilique ! Pas si
bête, M. Pommier ; mais de très jolies dames, ma
foi, qu'il enjôlait par ses façons engageantes et son
cant d'homme du monde. Menuisier de son état,
entre les messes, ce scélérat de Pommier faisait
plus de cocus que d'ouvrage. Que cette révélation ne

vous scandalise en rien : les sacristains ne font pas
de vœux et sont, après tout, des hommes comme
les autres. Ce que la morale eût pu y reprendre seulement, c'est que ce volage était marié, époux d'une
femme infiniment jalouse et qui ne lui marchandait
pas les scènes à faire. Très philosophe, M. Pommier faisait bonne contenance devant l'orage, feignait le repentir et recommençait le lendemain. Il
y a des ménages qui seraient affreusement monotones sans ces petites diversions.

### III

Et penser qu'un homme de cette valeur avait failli
voir briser sa carrière par le plus ridicule des événements! une aventure dont Juliette et moi ne manquons jamais d'évoquer le souvenir, dès que nous
sommes ensemble. C'était un mercredi des Cendres
où nous avions, tous les deux, des trésors de componction dans l'âme. Pensez donc! Il est extrêmement flatteur pour un moutard de douze ans, comme
je les avais alors, de s'entendre dire : « Homme,
souviens-toi que tu es homme! et... » Je me rengorgeais à ce compliment. Et l'idée de retourner dans
la poussière ne déplaisait pas à Juliette qui ne
comprenait pas la portée humiliante de ce conseil
et qui adorait traîner ses mains sales partout,
comme une franche gamine. Ce mercredi des
Cendres, nous le revoyons tous les deux rien que
d'en parler. Un jour triste de Carême dans la vieille

paroisse, un matin gris avec des bouffées d'air froid qui entraient, à chaque nouveau venu, blotties qu'elles étaient dans le soufflet des doubles portes retombant avec un bruit sourd de choses ouatées. A peine, de temps en temps, un sourire de soleil pâle à travers les vitraux, les authentiques vitraux de Saint-Spire, de soleil hivernal qu'éteint, comme un flambeau, l'haleine glacée des nuées. Les fidèles se succédaient au chœur, — presque rien que des femmes déjà, — agenouillés tour à tour sur les marches du sanctuaire et tendant leur front au pouce poudreux du prêtre qui prononçait les paroles sacramentelles avec un visible ennui, laissant tomber les mots comme des gouttes d'eau d'un toit après une ondée. Et M. Pommier, en mollets noirs et en souliers Molière, suivait, pas à pas, monsieur le curé, présentant aux lèvres des humiliés la petite soucoupe d'argent qu'on appelle, en langage ecclésiastique, *patène* et qu'un léger mouchoir de batiste essuie après chaque attouchement.

Tout à coup Juliette me donna un coup de coude à me renverser.

Comme il arrive toujours, ce mouvement fut contagieux et ce fut bientôt une grêle horizontale de coups de coude qui s'enfonça dans les côtes de tous les voisins. En même temps, dans les mains subitement portées au visage, c'était un crépitement de petits rires étouffés, quelque chose comme le grésillement de la friture chaude et impatiente de goujons. Puis la rumeur s'accrut et les mains s'abaissèrent des visages aux ventres, comme pour y maintenir les rates affreusement dilatées et dansant des

1.

pyrrhiques saugrenues. C'est que M. Pommier offrait, sans le vouloir, un spectacle absolument dénué de majesté. Ayant eu, paraît-il, avant son entrée à l'église, une scène de jalousie avec sa femme, celle-ci lui avait arraché tout le fond de sa culotte, si bien que le misérable sacristain, inconscient de ce malheur que la marche rapide et l'étroitesse voulue du vêtement avaient notablement accru, se promenait — tel l'âne chargé de reliques du fabuliste — les fesses au vent, prenant l'air au-dessus d'une tabatière de drap. (Dieu vous garde, mes amis, du tabac qui se prend dans cette civette!)

Cependant, à la vue de ce derrière en ballade sacrilège, les vieilles dévotes qui venaient les dernières, un chapelet à la main, commencèrent à se trémousser avec des gestes de colère et en adressant à ce malheureux Pommier toutes sortes de pantomimes furieuses, cependant que leurs lèvres murmuraient, au lieu de *Pater* et d'*Ave :* « Saligaud ! gourgandin ! » et autres aménités pareilles. Mais lui, se méprenant tout à fait sur la nature de cet émoi, et croyant qu'elles s'inquiétaient seulement de ce que la patène, s'attardant aux bouches des unes et des autres, venait à la leur trop lentement :

— Mesdames, leur dit-il avec autorité, vous l'embrasserez chacune à votre tour.

O Juliette ! que ne m'avez-vous dit quelque chose d'approchant quand j'étais si fort amoureux de vous et que vous étiez si généreuse avec tout le reste du monde !

# PHONOGRAPHIE

## PHONOGRAPHIE

### I

— Seigneur, faites-moi cocu !

D'où sortait ce vœu incongru, cette malséante prière ? De la barbe hérissée de fureur de M. Chauminet en son lit où madame son épouse lui tournait le dos, après lui avoir fait une scène épouvantable, pour rien du tout. Et c'était à la suite d'une méditation assez longue sur les inconvénients d'une femme dont le seul mérite est la fidélité. Il y avait des imbéciles, par le monde, qui l'enviaient de ce qu'il n'était pas trompé. Ah ! il aurait bien voulu les voir à sa place ! Les épouses perfides se font pardonner par mille câlineries et petits soins, lesquels sont, au fond, le bonheur de la vie. Mais une compagne irréprochable n'a aucun ménagement à garder vis-à-vis d'un juge aux prises avec sa seule innocence. Elle est acariâtre, boudeuse, violente, insupportable à son caprice. La loi lui permet tout cela. Telle était madame Chauminet : une continuelle tempête, un ouragan. Et tout cela parce qu'elle avait le droit de répondre, au moindre reproche : « Je suis une honnête femme ! » Ah ! oui, qu'il aurait mieux aimé cent fois qu'elle prît un amant, voire qu'elle le rendît un peu ridicule, que de le martyriser ainsi à domicile et de l'accabler de tout le poids de sa vertu. Qu'une femme qui vous donne quelque chose vous fasse la gentillesse de garder ce quelque chose pour vous seul, c'est certainement une attention délicate. Mais madame Chauminet, pour n'avoir pas d'amants, n'en était pas plus généreuse avec son époux. On supporte encore, — on provoque même quelquefois les querelles avec une dame qui se réconcilie volontiers et dont les fureurs ont une compensation amoureuse. Mais ce n'était pas le cas. Elle le boudait, en ce moment. Elle faisait semblant de dormir. Eh bien ! il se fût permis la moindre tentative de raccommodement qu'il eût été reçu comme un caniche dans un jeu de boules. Et notez que les boules naturelles de madame Chauminet n'avaient rien de déplaisant et constituaient un double jeu où un honnête homme se serait facilement complu. Ah ! la méchante pécore ! en amener un excellent homme à souhaiter son propre déshonneur !

Et, n'ayant rien de mieux à faire, M. Chauminet s'endormait à demi sur l'imprudent souhait émis plus haut.

II

La querelle durait du dîner et était venue à propos d'un plat de pets de nonne. M. Chauminet qui les aimait, par goût autant que par cléricalisme, en avait englouti un nombre considérable. Alors madame lui avait reproché, en mots très déplaisants, sa goinfrerie. *Inde iræ*. De là à le traiter de mange-tout, de canaille et de misérable, il n'y avait eu qu'un pas. Son reproche n'était pas d'ailleurs absolument déraisonnable. Les pâtisseries prises le soir encombrent volontiers l'estomac, donnent un sommeil lourd et traversé de cauchemars. M. Chauminet en faisait l'épreuve ; de rêve ridicule à rêve ridicule, il en était venu à se croire transporté au seuil du paradis, par une force ascensionnelle mystérieuse. C'était bien simple cependant. Les pets de nonne, délivrés de leur chemise de pâte, avaient repris leur expansion naturelle dans leur nouveau domicile, et comme, pour rien au monde, M. Chauminet n'aurait, même en dormant, joué le moindre petit morceau plaisant à sa femme, il était dans la situation d'un ballon qui monte sans cesse parce que la soupape de sûreté demeure fermée. Car il faut toujours chercher aux incohérences apparentes de nos songes une raison physiologique qu'on finit d'ailleurs par découvrir toujours.

Arrivé ainsi, après avoir traversé la grande et la petite Ourse où habitent, après leur mort, les auteurs malheureux, le Chariot où les âmes posthumes des comédiens se reposent, et le Capricorne où demeurent tous les Napoléon dont il enviait le sort, ayant acheté un costume de pierrot au magasin de blanc de la Voie lactée, notre Chauminet, très ragaillardi dans ce séjour où sa femme n'avait pu le suivre, allait frapper à l'huis sacré que garde saint Pierre, le plus vieux concierge qui soit certainement. Celui-ci, après l'avoir regardé par un judas, lui déclara que le costume de carnaval qu'il portait lui interdisait l'entrée des salons célestes où l'on était reçu, ce soir-là, en tenue de soirée seulement. « J'aurais cependant bien voulu visiter seulement votre loge ! lui dit Chauminet. Permettez-moi de passer, à la porte, le bout de mon nez. — Ça, ça ne se refuse pas », riposta le portier céleste. Mais, pendant qu'il entr'ouvrait l'huis, Chauminet, qui s'était retourné, le poussait vivement du derrière de façon à entrer tout entier, ne laissant que le petit bout de son nez dehors. « Tu es un farceur, toi ! lui dit saint Pierre, en faisant bonne mine d'ailleurs à cette évidente tricherie. Eh bien ! puisque tu t'es introduit dans mon domicile, assez spirituellement, j'en conviens, tu vas m'y rendre un service. Je n'ai pas encore dépouillé le courrier de la journée. Tu vas m'y aider, en appelant les motifs aux demandes des hommes, lesquelles j'inscrirai à mesure sur le registre que je présente, tous les matins, à Jéhovah. — Où est le paquet ? » demanda Chauminet.

Mais saint Pierre se mit à rire. « Tu nous crois donc bien arriérés, mon pauvre garçon ! Nous avons le phonographe ici ! un phonographe que notre ami Angelo Mariani — un mortel très bien vu ici — nous a rapporté d'Amérique. De toi à moi, comme il connaît beaucoup de monde, c'est lui qui nous sert d'agent dans cette correspondance quotidienne avec l'humanité. Par lui, nous savons spécialement tout ce que les artistes désirent. Mets la machine en mouvement, je te parie que tu sauras tout de suite ce que souhaitent ou le poète Paul Arène, ou le sculpteur Baffier, ou le peintre Roybet. Crac ! crac ! crac ! Arène réclame une cigale vivante, Baffier une Berrichonne en bonnet et Roybet sa place à l'Institut. Chacun aura son affaire. Procédons par ordre maintenant, en dépouillant les demandes de toute sorte qui ont composé le courrier de la journée.

— Je vais en entendre de bien bonnes ! » murmura Chauminet absolument ravi.

III

Les prières se succédèrent, en effet, éminemment variées et diverses dans leur but. Et saint Pierre inscrivait du bout d'une plume d'oie ayant appartenu à Charles X, en répétant et en accompagnant chaque demande d'un commentaire :

— « Seigneur, faites-moi gagner un lot... » Encore un jobard du Panama !

— « Seigneur, préservez-nous des bombes... » Encore un fouinard de député !

— « Seigneur, donnez une fluxion à mon mari !.. » Pour pouvoir sortir seule. Ah ! petite mâtine ! Connu !

Et saint Pierre s'arrêtant un moment :

— Vous ne sauriez croire, mon cher Chauminet, avec quel plaisir nous accordons ce genre de faveur. Les petits potins conjugaux sont, à vrai dire, ici, notre seule distraction. Inutile de vous dire que nous y sommes antisémites. Mais notre bête noire est certainement ce Naquet qui, en sapant le mariage par ses bases, l'indissolubilité et les privilèges des enfants légitimes, va nous priver de notre plus grand élément de gaieté. Nous ne manquons jamais de lire, le dimanche soir, les excellents articles de Sarcey et nous partageons absolument son goût pour le vaudeville. Or, c'est le vaudeville que le mariage entraînera avec lui dans les sombres abîmes. Toutes ces petites ruses de femmes pour écarter leurs maris, quand elles veulent voir leurs amants, étaient l'âme d'une institution que la Belgique nous a toujours enviée. Mais continuons :

— « Seigneur, faites reprendre le *Baiser* à la Comédie-Française... » Ça, c'est Bergerat. Et pourquoi pas ?

— « Seigneur, faites jeter au vent les cendres de Meyerbeer !... » Ah ! messieurs les wagnériens, nous venons déjà de brûler pour vous tous les décors de l'Opéra. C'est suffisant pour le moment.

— « Seigneur, faites qu'elle soit blonde ! » Ah ! ah ! un godelureau qui a reçu une lettre d'une belle inconnue et qui va aller au rendez-vous. C'est généralement un laideron, jeune homme, qui emploie cette entrée en matière amoureuse. Méfie-toi, mon garçon !

— « Seigneur, envoyez tous les poètes au diable !... » Voyons, mon ami, nous vous avons déjà nommé de l'Académie. Vous êtes insatiable, en vérité ! Et puis, vous avez fait des vers aussi.

— « Seigneur, faites-moi maigrir !... » Petite égoïste ! Jamais !

— « Seigneur, faites-moi engraisser !... » A la bonne heure ! Noble cœur de femme !

— « Seigneur, envoyez-moi des pigeons... » Ça ne va donc pas, ma mignonne, et les petits messieurs de province deviennent avares ? Tant pis ! Entre la cupidité féminine et la bêtise humaine, nous n'hésitons jamais, Dieu le père et moi. La première est infiniment plus intéressante. Les femmes de mœurs légères sont demeurées le seul élément ayant, dans le monde, une puissance égalitaire réelle. Nous sommes ravis ici quand elles ruinent les mauvais riches et font vivre, par leurs dépenses, les pauvres gens. O les sublimes gaspilleuses qui font du pain avec de l'argent mal acquis ! Du courage, mes petites ! Plongez vos mains fluettes dans leurs goussets et flanquez-les sur la paille en leur recommandant de ne pas la manger s'ils veulent garder un lit ! Vendez-vous cher, surtout ! Ce que vous leur donnez, même en vous moquant d'eux, vaut mieux que tout leur sale argent. Pas de pitié pour leur avarice ! Mort aux pigeons ! C'est, du reste, l'opinion de saint Joseph qui a gardé, pour cet oiseau, une telle rancune qu'il n'en peut voir passer un, dans les paradisiaques jardins, sans lui envoyer une bonne boulette de sa sarbacane. Mais continuons, Chauminet ; il me semble que nous approchons du bout du rouleau.

— « Seigneur, faites-moi cocu ! »

Et Chauminet tressaillit, en entendant son propre vœu, lequel était, en effet, le dernier enregistré de la journée. Puis, pris d'un accès de folle gaieté, il se mit à se tapoter le ventre avec les deux mains.

— Voilà un rude saligaud ! dit saint Pierre avec dignité. Nous l'exaucerons, et, de plus, nous lui enverrons une belle paire de gifles en manière de pourboire.

— Pan ! Pan !...

C'était Chauminet qui, brusquement réveillé, recevait deux soufflets énormes. N'avait-il pas, dans son rêve, tutoyé le derrière de madame Chauminet, et croyant avoir affaire à son ventre qui était tout contre ! Il paraît, de plus, qu'il avait parlé haut. Car elle ajouta, d'un air triomphant :

— Il y a longtemps que vous l'êtes !

# MÉPRISE

## MÉPRISE

### I

Un air tiède et chargé de langueurs amoureuses baignait le front d'argent des sources et la chevelure tremblante des bois. C'était par un de ces jours de printemps (ah! qu'ils se hâtent de venir!) dont les triomphants renouveaux éblouissent les yeux et tentent les âmes; où les bouches entr'ouvertes des roses semblent tendues vers des baisers inconnus; où le vol des papillons se perd vers les horizons dont le désir habite l'azur pâle. Les arbres aux verdures tendres avaient des chuchotements pleins de molles inquiétudes ; des frissons d'argent clair disaient le trouble charmant des eaux, et les oiseaux étaient si bien épris qu'ils en oubliaient de chanter dans le recueillement de toutes les choses. Vous les connaissez comme moi, ces voluptueux silences de la nature après l'éclatante fanfare du réveil.

Sous un bosquet de lilas dont les clochettes blanches sonnaient tout bas je ne sais quel angélus mystérieux, une jeune femme était assise sur un banc abandonné, dans le coin le plus solitaire d'un vieux parc provincial, plus muette encore que l'étang voisin qui rêve parmi les hautes herbes, immobile et perdue dans une immense mélancolie. Ses beaux cheveux châtains dénoués sur les épaules, ses grands yeux d'un bleu sombre, ses yeux brillants qui ne regardaient pas, ses mains d'enfant dont l'enlacement mettait deux lys au ras de son corsage, tout l'alanguissement de sa face répétait que sa pensée était partie pour le chemin des chimères.

C'est qu'il est épouvantablement triste d'être, à vingt ans, la seconde femme d'un vieillard qui ne fut jamais ni spirituel ni beau, et la marâtre d'une demoiselle qui sera toujours désagréable et laide. Ce sort était pourtant celui de la belle générale Alice de Vertilleul, épouse en secondes noces d'un guerrier en retraite et belle-mère d'une Iphigénie qu'Achille eût voluptueusement abandonnée à la mauvaise humeur des vents troyens. Aussi, sous ce berceau de feuillage que les souffles de mai en

fleur faisaient palpiter sur sa tête, s'abandonnait-
elle aux plus douloureuses méditations, se sentant
le cœur plein de révoltes inattendues.

— Ah! disait-elle *in petto*, tandis que des larmes
tièdes mouillaient ses regards vagues, ma vie sera
donc tout entière faite de cet incurable ennui, et
nul ne viendra m'arracher à ce deuil de toutes les
joies!

Peut-être ses lèvres avaient-elles trahi sa pensée ;
car un homme fort bien, ma foi, subitement apparu,
mit un genou en terre et lui prit, pour la porter à
ses lèvres aux fines moustaches, une main qu'elle
défendit fort peu. Puis, d'une voix émue, toute
vibrante de passion et de jeunesse, l'inconnu lui
tint à fort peu près ce langage :

— Pardonnez-moi, mademoiselle, mais j'étais là
depuis un instant, vous contemplant sans oser rien
vous dire, suivant sur votre beau front le vol perdu
de votre pensée, absorbé moi-même dans une adorable extase. Il existe donc, ce lien mystérieux et
sacré qui, de loin, enlace les âmes sœurs et finit
toujours par se serrer si fort qu'il les étreint au
point de les confondre. Quelque chose a répondu
en moi a chacune de vos questions muettes, et le
moindre tressaillement de votre être est venu jusqu'au fond du mien. Vous avez besoin d'une âme
pour vous comprendre. Oh! ne vous en défendez pas.
Et ce n'est pas un stupide hasard qui nous ras-
semble. C'est une providence amie. Mieux que cela,
c'est un devoir qui me conduit vers vous. O miracle!
J'étais moi-même meurtri par de passagères amours.
Jugez-en par les vers désespérés que je composais,

dans ce jardin dont la porte était mal fermée, quand je vous ai aperçue :

> Celle qu'hier encor j'aimais
> Etait brune comme une airelle.
> Je ne la reverrai jamais
> Celle qu'hier encore j'aimais.
> Chantons *De profundis* pour elle.
> — Celle qu'hier encor j'aimais
> Etait brune comme une airelle !
>
> Celle que j'aimerai demain
> Sera brune ou blonde, qu'importe !
> C'est la passante du chemin,
> Celle que j'aimerai demain.
> Sur ses pas j'ouvrirai ma porte.
> — Celle que j'aimerai demain
> Sera brune ou blonde, qu'importe !
>
> Celle que j'aimerai toujours
> A les yeux d'or de la chimère.
> Pour nos éternelles amours,
> Celle que j'aimerai toujours
> M'attend après la vie amère.
> — Celle que j'aimerai toujours
> A les yeux d'or de la chimère !

Je vous ai reconnue à vos yeux d'or, ô chimère délicieuse et vivante ! Certainement c'était le caprice de Celui qui règle toutes choses que vous m'attendissiez et que je vinsse à vous quand l'heure du berger mystérieux consacrant les passions immortelles aurait sonné. Elle sonne, et vous êtes belle ! Elle sonne, et vous réalisez pour moi l'idéal à peine entrevu dans mes rêves ! Elle sonne dans les chansons des oiseaux, dans le murmure des feuillées, dans la pla͏̶t͏̶ des sources sous le baiser pesant des nénup͏̶ ir d'argent ! Vous êtes la beauté que j'ado͏̶ le savoir, quand mes désirs brisés se ent des autres femmes ! Vous êtes le port après la tempête ! Vous êtes le calme après l'orage ! Tout est divin en vous, vos yeux, vos cheveux, votre bouche ! Vous m'êtes apparue et je vous aime à en mourir.

— Laissez-moi, monsieur, finit par dire, très lentement et comme à regret, la pauvre générale.

— Ange ! à tout à l'heure !

Elle n'eut pas le temps de lui demander comment il la reverrait. Il avait déjà disparu comme une flèche, et le silence avait refermé ses ailes de velours, pareilles à celles des phalènes, sur la rêverie de la dame infiniment troublée sur son banc.

## II

Dans l'unique auberge du village voisin, un voyageur très affairé écrivait, quelques instants après, à sa mère. C'était pour lui annoncer une bonne nouvelle, celle de son mariage prochain. Il y avait des années déjà que mon ami Jérôme Pistache était tourmenté par madame sa mère pour se marier. Elle lui avait même fait quitter pour cela l'armée où il était déjà sous-lieutenant. Chimère de dévote qu'épouvantaient les concubinages effrénés de son fils. Cette fois-ci, elle l'avait envoyé là tout exprès, ayant appris que le plus ancien camarade de régiment de son propre mari, le général Petenlair de Vertilleul, avait une fille charmante, en possession d'une belle-mère qui la devait martyriser, suivant la tradition ordinaire. Or ce Vertilleul avait autrefois sauvé, sur le champ de bataille, la vie du capitaine Pistache, de feu Pistache, père de mon ami Jérôme. C'était au fils d'acquitter une dette sacrée, en arrachant mademoiselle de Vertilleul à ce servage. Eh bien, maintenant que Jérôme avait vu la jeune personne, il la trouvait, l'ayant aperçue dans les allées d'un parc solitaire, tout à fait ravissante. Ah! comme son petit air de martyre et d'incomprise lui seyait bien! Il allait passer son habit noir et faire sa demande le soir même.

Voilà ce que mon ami Jérôme mandait à madame Pistache, sa noble mère, dans la seule auberge voisine où une exécrable plume d'oie et un morceau de papier à chandelle avaient été gracieusement mis à sa disposition.

Trois heures après environ, le général Petenlair de Vertilleul, l'héroïque vieille bête, achevait, dans son salon plein d'ennui, sa trente-deuxième patience, cependant qu'Alice, sa femme, profondément troublée, continuait son rêve du bord de l'étang, quand se fit annoncer mon ami Jérôme Pistache, dont la vue parut faire défaillir la rêveuse. Mais le général, au nom seul du visiteur, avait lâché brusquement ses cartes. Jérôme Pistache! le fils du capitaine Pistache, son vieux compagnon d'armes, dont il avait sauvé les jours au péril de sa propre vie!

— Dans mes bras, jeune homme!

Et il étreignait mon pauvre bougre d'ami à lui faire passer les pectoraux sous les omoplates.

A peine dégagé de ce furieux embrassement, Jérôme tint au vieux grognard ce discours, cependant qu'Alice passait ses mains sur son front comme pour en chasser une vision folle.

— Général, comme mon père, comme vous-même, j'ai été militaire. Nous sommes l'un et l'autre de souche guerrière, et, si vous le voulez bien, nous mènerons la chose rondement. J'ai quarante mille livres de rente, un physique qui paraît agréable au plus grand nombre et un cœur fort aimant. Ayant eu le bonheur de rencontrer tout à l'heure mademoiselle votre fille, j'ai immédiatement reconnu en elle la femme que je rêve depuis longtemps. Je dois vous dire que les quelques mots que je lui ai dits de mes intentions n'ont pas paru lui déplaire. J'ai donc l'honneur de vous demander sa main.

Et, d'un pas rapide, mon ami Jérôme s'en alla droit à la générale qui tombait positivement des nues.

— La main de ma femme ! hurla le général. Et d'une pantomime furieuse, il mit mon ami Jérôme à la porte.

Celui-ci retourna à l'auberge, sans en demander davantage. Un instant après, une lettre de la générale lui était mystérieusement remise. Elle était décidée à tout quitter pour le suivre et elle signait de son nom de jeune fille : Alice de Château-Minard. Jérôme, qui était en verve d'écrire ce jour-là, rédigea une seconde épître à sa mère, en lui annonçant que, vérifications faites, ce n'était pas le général

2.

de Vertilleul, mais bien un certain capitaine Gaëtan de Château-Minard qui avait sauvé les jours de son père, le capitaine Pistache. C'est donc la fille du capitaine qu'il était disposé à épouser, aussitôt le divorce prononcé entre elle et son mari qui ne lui donnait aucune satisfaction. C'est ainsi que la dette sacrée contractée par son père deviendra bientôt, pour lui, l'occasion d'un fort agréable passe-temps conjugal.

PETITS PAPIERS

## PETITS PAPIERS

### I

Un rude parti, comme on dit dans les familles, que mademoiselle Eléonore Mistouflard. Cela veut dire simplement qu'elle avait plus de dot que de beauté. C'est que son papa et sa maman auraient été plus embarrassés de lui donner une ressemblance avec Vénus que de vils écus. Un bon type bien bourgeois, ce Mistouflard. Pour amasser cette fortune, il avait travaillé de son état, celui de professeur libre, non pas comme un simple nègre, mais comme une plantation tout entière, bourrant de grec et de latin, — c'était encore la mode, — un tas de petits crétins destinés à devenir un jour boursiers ou bicyclistes. Ah ! pauvre Horace ! Ah ! pauvre Virgile ! Ce que vous deviez vous sentir à l'étroit dans ces petites cervelles-là ! On a bien raison de vous garder maintenant pour les rares élus qui sont dignes d'entendre les chants lointains de la lyre. Il avait gagné, à ce métier abrutissant, une de ces bonnes aisances bourgeoises lesquelles valent mieux qu'une grande fortune, en ce qu'elles impliquent des habitudes plus sages et des mœurs moins dépensières. J'ai toujours conseillé à M. de Rothschild de se débarrasser, entre mes mains, de sa gênante opulence pour essayer de l'*aurea mediocritas* chère à tous les bons esprits. Il m'a toujours répondu qu'il aurait l'air ainsi de capituler devant Drumont, ce qui ne convient pas à un homme de son importance. Revenons à Eléonore Mistouflard, cet ange de vertu que madame Berlingue rêvait pour épouse de son fils Hector. En quoi elle ressemblait à beaucoup d'autres mères bien avisées. Mais Hector ne partageait pas son enthousiasme pour cet hyménée, les rares beautés que possédait Eléonore étant de celles dont il faisait le moins de cas : de grands yeux bleus respirant cette bêtise douce qu'on appelle, dans le monde, l'expression ; une petite bouche, ce qui n'est estimé que des sots, et telle pauvreté de hanches qu'on qualifie de distinction dans le vocabulaire des mensonges polis. Mais, en femme supérieure, madame Berlingue, la mère d'Hector, savait que le mariage est une chose trop sainte pour qu'on se permette le demander à sa femme ce qu'on attend d'une maîtresse, et qu'il convient de laisser cette futilité charmante d'appas chers aux hommes de goût à ceux qui entendent seulement mener la vie déshonorante et aimable de célibataires.

Hector paraissait néanmoins souscrire aux vœux de sa mère, ayant fait la remarque que, pour une raison ou pour une autre, tous les mariages, au nombre de treize déjà, qui avaient été proposés pour mademoiselle Éléonore étaient demeurés à l'état de projet.

Pourquoi ? C'était un mystère facile à éclaircir pour un observateur ; parce que tout simplement, si M. Mistouflard rêvait de marier sa fille, madame Mistouflard était parfaitement décidée à l'en empêcher. Voici pourquoi encore : elle attribuait, *in petto*, cette enfant à une façon de radjah dont elle avait été sournoisement la maîtresse, pendant que l'honnête Mistouflard infusait violemment du Quintilien et du Tite-Live à un petit prince exotique. Pour cette femme de nature romanesque, Éléonore était le dernier rayon d'un astre éteint, la dernière parcelle d'une illustre souche, les dernières lueurs d'un rêve envolé vers les horizons impossibles, le souvenir d'une gloire coupable. L'idée de voir cette héritière d'un sang illustre mésalliée avec quelque petit bourgeois sans naissance lui apparaissait comme un sacrilège, comme une profanation. Mais impossible de donner ce motif à Mistouflard qui aurait rué comme un jeune cabri à l'idée d'avoir été cocu même d'une si flatteuse façon. C'était un homme simple et visiblement en retard sur les autres hommes de son temps. Il aurait été capable de vouloir reprendre au petit radjah le latin qu'il lui avait si douloureusement ingurgité. Aussi madame Mistouflard avait-elle eu recours à une ruse dont son mari était l'inconscient complice, comme vous l'allez voir.

## II

D'accord avec lui, et sous prétexte de faire une expérience aussi innocente que prudente, elle invitait les prétendants à la main de sa fille à venir passer un mois dans la villa Mistouflard, sise aux environs de Paris, dans un délicieux paysage dont la Seine fermait les méandres boisés d'une ceinture d'argent. On les installait à ravir dans la meilleure chambre d'ami, au midi, avec la vue souriante du fleuve, en leur recommandant de se bien faire servir et surtout de laisser, chaque soir, leurs vêtements au portemanteau posé tout exprès en dehors, afin qu'ils fussent soigneusement brossés. Or elle-même se levait dès le potron-minet, et pieds nus, en chemise, pareille à un spectre bien portant, — car elle était mieux documentée (écrivons doculmentée pour être plus clair) que mademoiselle sa fille, — elle s'en allait fouiller les poches de ses futurs gendres, sans faire plus de bruit pour cela. Il ne se passait pas quinze jours que l'imprudent n'y laissât quelque lettre de maîtresse abandonnée et menaçante. Madame Mistouflard s'en emparait, lisait la lettre au dessert devant la famille assemblée ; mademoiselle Eléonore se trouvait mal (je suis de son avis) et le godelureau était chassé comme un laquais.

Or, un beau jour, Mistouflard, à force de se demander comment toutes ces correspondances fallacieuses se trouvaient toujours à point entre les mains de sa femme, résolut de mettre fin à une comédie dont il avait enfin deviné le ressort. Il employa, pour cela, un procédé d'une naïveté parfaite. Car, s'il eût laissé les choses aller leur train, Eléonore aurait fini par coiffer sainte Catherine et leur rester sur les bras. Son procédé, le voici : se lever avant sa femme et substituer, aux papiers compromettants, d'autres papiers donnant à ses futurs gendres des allures d'Hippolyte et de Joseph.

La mise en œuvre de cette méthode ne fut pas moins naïve. Il déclara à sa femme que le gouvernement, connaissant son caractère particulièrement bienveillant et son incompétence nautique parfaite, lui avait confié le soin de faire une enquête sur l'état de notre marine, ce qui le forçait à travailler fort avant dans la nuit. Grâce à ce stratagème, il put se coucher le dernier, ce qui lui permettait de faire sa petite visite douanière avant que sa femme eût effectué la sienne. Ce fut Hector Berlingue, l'heureux Hector, qui inaugura ce système justificateur.

Dès le troisième jour, M. Mistouflard trouva ce billet dans son veston, billet qu'il subtilisa et fourra dans la poche de sa propre robe de chambre : « Tu sais, mon chéri, que je t'aimerai toujours! Dépêche-toi donc de lâcher ta petite dinde et reviens-moi. Ton Héloïse! » Dans la même enveloppe, M. Mistouflard glissa ce billet tout différent, qu'il remit dans la poche d'Hector : « Puisque vous adorez votre fiancée, mon ami, soyez heureux. Je vous oublierai. Héloïse! »

Ah! ce jour-là, madame Mistouflard fut d'une humeur, à déjeuner!

Deux jours après, manège identique : « Tu sais, mon cher, si tu n'es pas revenu demain, je me tue et je fais porter mon cadavre tiède chez tes beaux-parents », avait-il lu. Il mit à la place : « Adieu, cruel ami! Aimez bien votre femme! Ne la trompez jamais. Je prierai pour vous deux! »

Second nez de madame Mistouflard, plus démesurément long encore que le premier.

Et, en même temps, pour plus de sûreté, notre infernal Mistouflard surveillait tous les colis arrivant à la station voisine et portant l'adresse d'Hector. A une bombe de dynamite, il substitua galamment un poulet truffé qu'on mangea gaiement en famille, sauf madame Mistouflard mère qui rageait effroyablement.

Et cela continua ainsi : chaque nuit, M. Mistouflard supprima une lettre incendiaire en la fourrant dans ses propres poches, et la remplaça par un petit julep épistolaire que sa femme, désappointée, trouvait le matin dans celles de ce gendre menaçant à force de vertu. Elle avait fini par découvrir, par ses indiscrétions mensongères, que cet animal d'Hector n'avait eu avec sa correspondante que des relations parfaitement chastes et bien élevées, de

sorte qu'il était certainement... Ah ! pauvre Eléonore ! que ferais-tu de ce mari d'Orléans?

### III

La pauvre femme était décidément dans un embarras mortel. Qu'objecter maintenant au mariage de sa fille avec un garçon bien de sa personne, d'excellentes manières, ayant de l'innocence à un degré qu'on n'aurait pas osé lui demander? Le merle blanc des gendres, quoi ! Mistouflard jubilait positivement du succès de sa tactique. Il allait enfin être débarrassé de sa chère fille, *cara soboles*, qu'il aimait de tout son cœur, mais qui le gênait dans certaines fantaisies extra-conjugales qui lui semblaient l'expiation savoureuse et la revanche naturelle d'une trop longue fidélité à la plus embêtante de toutes les épouses, la sienne. Le pis est qu'Eléonore trouvait absolument Hector de son goût. Mais lui ? Eh bien ! lui, Hector, était comme madame Mistouflard, assez ennuyé de voir sa cour aussi bien acceptée et son bonheur imminent. Mais que faire ? Il s'était trop avancé. Il avait promis à sa mère. Il allait falloir en passer par ce qu'on appellerait, bien improprement, de fâcheuses extrémités. Ma foi... tant pis ! C'est Eléonore qui l'aurait voulu. Il la tromperait à tire-larigot avec toutes les personnes de bonne volonté ayant un pétard moins minable que le sien. « Contre fortune bon cul ! » disait sa devise, comme celle de nos anciens rois : « Mont-

joie Saint-Denis ! » Il se voyait déjà, à une distance
suffisante de son chaste foyer, une floppée de maîtresses appétissantes, consolatrices, compensatrices,
débordantes et callipyges, un sérail de concubines
dodues et fessues, un pensionnat de luronnes copieuses et irradiantes de santé. Les bans étaient
publiés, les achats de trousseau commencés. La
fameuse couronne de fleurs d'oranger dormait tristement dans un carton virginal.

Oh! mes amis! quel déjeuner! Le dîner des Gi-
rondins, une simple farce à côté. A l'arrivée de
madame Mistouflard à table, tout le monde comprit
qu'un drame terrible, le drame patiemment attendu
par elle, allait éclater. Que s'était-il donc passé?
Avec terreur, Mistouflard se souvint qu'il avait eu
une distraction et oublié, rassuré tout à fait maintenant, sa visite domiciliaire dans les poches d'Hector, la veille au soir. Ah! c'était clair! Sûrement,
ce jour-là, l'animal avait reçu quelque lettre exaspérée.

On mangea peu. On but encore moins. Au dessert, madame Mistouflard se leva, rouge comme une
tomate, et d'une voix terrible :

— Il y a ici, dit-elle, un sacripant...

— Sortez, monsieur ! fit par habitude M. Mistouflard en montrant la porte à Hector...

Mais il reçut un colis en pleine figure, un paquet
de lettres violemment ficelées, toutes celles qu'il
avait imprudemment fourrées dans les poches de sa
robe de chambre, après les avoir volées dans le veston d'Hector, et que madame Mistouflard y avait découvertes en voulant recoudre un bouton à celui-ci.

— C'est vous, monsieur, continua-t-elle, en l'apostrophant en face, le drôle, le misérable, la canaille immonde, le sacripant ! Vieux coureur ! Vieux roquentin ! Vieil imbécile ! Des gourgandines à votre âge ! Pan ! pan ! pan !

Et, l'ayant atteint, d'un bout de la table à l'autre, elle le giflait avec délices.

— Pan ! pan ! pan ! pan !

Eléonore s'était trouvée mal, toujours aussi par habitude.

Majestueusement, Hector, enchanté, sortit de table et écrivit à sa mère : « Ma chère maman, je l'ai échappé belle. Vous voulez me faire épouser la fille d'un homme de mœurs épouvantables. Ce Mistouflard est le rebut de l'humanité. Je ne reste pas une heure de plus dans cette maison de débauche. A demain ! »

Madame Mistouflard a intenté une action en divorce à son mari.

# LE LOUIS NEUF

## LE LOUIS NEUF

### I

C'était un bon petit ménage de paysans aisés et qui n'avaient encore que quelques mois de mariage, lui robuste et vaillant à l'ouvrage, elle douce et prévenante ; un couple beau à voir, dans ses habits du dimanche surtout, lui faraud comme un ancien coq de village, elle coquette délicieusement dans ses robes neuves qu'une marraine généreuse lui avait données en la mariant. Chacun d'eux avait

son péché mignon, — le même d'ailleurs et très
commun à tous ceux qui approchent de la terre : un
goût exorbitant pour la propriété et confinant à
l'avarice. Certes, ils s'adoraient, mais ils ne se
prêtaient pas volontiers les affaires des uns des
autres. Encore moins se les donnaient-ils. Ainsi la
montre de Jeanne, une toute petite montre dont on
lui avait fait cadeau quand elle avait fait sa première communion, pour rien au monde elle n'eût
permis à Thomas de l'emporter quand il allait à son
ouvrage, encore que sa montre d'argent, à lui, se
fût arrêtée. Chacun le sien ! disait-elle en riant.
Mais elle aurait cessé de rire si Thomas eût insisté.
Cet égoïsme accapareur mettait seul quelquefois
un nuage dans leur tendresse plus délicate que celle
des campagnards ordinaires. Elle était intelligente
et fine, très suffisamment passionnée ; et lui n'avait
avec elle que de douces et presque respectueuses
façons d'amoureux vraiment épris. Car il n'y a point
à s'y tromper, mesdames. Qui vous aime vraiment
tremble toujours un peu devant vous. Méfiez-vous
des familiarités qui aboutissent à une façon de ca-
maraderie caressante. Thomas, lui, avait un ins-
tinctif respect de la beauté réelle de Jeanne. Car
elle n'était pas seulement jolie, la paysanne au
franc sourire, aux yeux largement ouverts sur un
rayon de lapis, au menton aristocratique dans sa
finesse éburnéenne. Et dans son allure était je ne
sais quoi de doucement majestueux dû à la beauté
des lignes du corps, particulièrement apparente en
la saison où mon conte commence, c'est-à-dire pendant la belle chaleur du plein été. Malgré qu'elle

fût vêtue avec infiniment de décence, la légèreté des étoffes trahissait le beau modelé de sa gorge, non plus de pucelle, mais de femme, la souplesse de ses flancs et le bel arrondissement de ses hanches. Ne me reprochez pas de vanter encore les belles assises que la nature lui avait données. Leur développement est essentiel à cette véridique histoire. J'entends ne montrer jamais que ce qui est beau. Notre jeune école naturaliste est là pour montrer le reste. Pétardièrement parlant, si j'ose m'exprimer ainsi, Jeanne appartenait à la noble école des callipyges dont la Grèce nous a fourni — étant source de toute beauté — l'impérissable modèle. Cet aimable dieu, et joufflu comme un amour de Boucher en personne, avait pour soutenir son invisible autel deux belles colonnes blanches d'un marbre de Paros vivant et celles-ci reposaient elles-mêmes sur deux pieds d'un dessin admirable dont les ongles avaient l'éclat d'onyx roses. Vous voyez que Thomas avait raison de traiter avec quelque déférence la porteuse de pareils trésors. Elle, au contraire, était très farceuse au lit et jouait comme un enfant, quand, le dimanche, ils faisaient la grasse matinée, en attendant l'heure de la grand'-messe. Car, étant éminemment conservateurs, de ce qu'ils avaient surtout, ils avaient un culte sincère pour le Dieu qui défend aux autres de prendre le bien du prochain. Religion de socialistes au début, la nôtre est devenue religion de propriétaires. Voilà ce qu'il advient communément de l'œuvre des martyrs qui n'auraient pas versé aussi généreusement leur sang s'ils s'étaient doutés de ce qu'en feraient germer la cupidité et l'égoïsme des hommes.

## II

Or, ce matin-là, c'était dimanche et nos jeunes époux faisaient la grasse matinée, une magnifique matinée de la fin de juillet, déjà chaude, mais avec des brises qui venaient de la plaine et en apportaient l'arome des fleurs sauvages. La fenêtre étant grande ouverte derrière un simple rideau blanc que les souffles du dehors faisaient ballotter comme une voile, sur la couche qui ne leur avait pas marchandé le plaisir, ils se pavanaient dans une demi-nudité, conversant, se taquinant, s'embrassant, s'appelant « mon petit cœur » ou « mon minet chéri ». Et autour de leur légitime et tranquille bonheur, c'était le gazouillement des oiseaux, confus, mais que scandait la rythmique volée des cloches, tintinnabulant comme des folles dans le vieux clocher d'où voletait un monde effarouché d'hirondelles. Je vous recommande cette musique religieuse et cet accompagnement mystique, pour les lendemains d'amour. Je n'ai rien connu de plus délicieux quand je me réveillais dans quelque bourg lointain avec celle que j'entraînais dans mes promenades à travers les bois de France, fuyant la ville et ayant besoin de la nature autour de moi pour aimer avec toute la ferveur dont je me sentais capable. Matins lointains de dimanches oubliés ! Nous aussi, nous allions à la messe et je m'endormais, lassé de mes derniers bonheurs, aux bruits berceurs de l'orgue et des litanies, dans l'endormant parfum des encens, un rêve d'enfance venant rajeunir encore mes impressions de jeunesse.

Tout à coup Thomas sauta du lit, courut à sa culotte et en tira un mouchoir soigneusement noué avec des précautions infinies ; il dénoua le linge et en tira un objet luisant et rond. C'était un louis tout neuf qui avait fait partie de sa paie la veille. En le tenant bien serré entre ses doigts, de peur qu'elle le lui volât, il le montra à Jeanne qui, comme une sale petite juive, tomba en pâmoison devant cette indigne monnaie. Est-ce la peine d'être beau comme le ciel et les étoiles pour avoir l'âme rétrécie à de pareilles cupidités ? Mais le paysan et la paysanne français, quels monstres à ce point de vue! Ils se feraient tuer pour un jaunet. Celui-là était vraiment étincelant comme une goutte de soleil tombé à travers la nue. Tout neuf, tout neuf et à l'effigie de notre sérénissime République, avec le classique portrait de notre gracieux gouvernement. Ah! certes, Eve ne tendit pas une main plus avide vers la pomme paradisiaque dont le moindre pépin devait germer en malheurs pour l'humanité.

— Donne-le-moi, Thomas ! Je t'en supplie! lui dit-elle.

Et il y avait des inflexions de courtisane dans la façon dont elle ajouta :

— Donne-le-moi, je serai bien gentille.

— Ce ne serait pas à faire, se contenta de répondre philosophiquement Thomas en remettant le louis dans son mouchoir. Mais, d'un geste soudain, elle tira celui-ci par un des coins, le fit basculer, sauta sur le louis qui en avait jailli et l'enfouit si rapidement sous le traversin que Thomas, ahuri, demeurait coi, son mouchoir vide et déplié entre les doigts.

— Tu vas me le rendre tout de suite ! lui dit-il sévèrement.

Mais elle se moqua t de lui. Parbleu ! elle ne voulait pas le lui voler ! Etait-il assez ridicule avec son louis neuf ! Elle le lui rendrait le soir, — quand elle voudrait. Mais, auparavant, elle jouerait avec quand elle serait seule, tout son saoul. Et elle n'en démordit pas, le changeant de place quand il fouillait où elle l'avait mis, abusant de sa faiblesse, le faisant passer de ci et de là dans le lit, sans qu'il eût le mauvais courage de lui emprisonner les mains, de peur de lui faire mal. Elle jouait ; mais lui était furieux, au fond, n'osant cependant être brutal.

— Je te dis que je te le rendrai ce soir ! lui disait-elle en continuant à le cacher et à lui rire au nez de toute la blancheur, rosée par les lèvres, de ses petites dents.

### III

Ayant dû renoncer, au moins momentanément, à rentrer dans son bien, Thomas fut sérieusement mélancolique et inquiet tout le reste de la journée. Il ne pensa qu'à son louis durant toute la grand'-messe, puis au déjeuner, puis au jeu de boules sur la place de l'Eglise, où, pour la première fois, il fut battu par de vraies mazettes. Où diable avait-elle pu le cacher ? Le lui rendrait-elle vraiment le soir ? Elle l'avait promis. Mais elle avait si bien l'air de plaisanter ! Alors, que lui restait-il à faire ? Se fâcher sérieusement et compromettre son bonheur conjugal pour vingt francs en somme ? Il comprenait lui-même que ce serait une folie. Mais, ah ! mon Dieu ! qu'il était vexé ! Quelle fâcheuse idée il avait eue de montrer son salaire à sa femme ! Il aurait emprunté à des camarades tout le long de la semaine, et en se privant un peu durant un mois, en faisant danser l'anse du panier, il serait arrivé à garder son louis neuf, sans avoir frustré son ménage. Jamais journée ne lui avait paru plus longue. Pendant le dîner, ne mangeant que du bout des dents, lui qui avait, d'ordinaire, un formidable appétit, il dit :

— Nous sommes maintenant le soir, mignonne; ne pourrais-tu me rendre ce que tu m'as pris ce matin ?

Pour toute réponse, elle lui montra, en riant, le soleil qui n'était pas encore descendu tout entier dans son cercueil violet de nuées frangées d'or et qui lançait encore de belles fusées rouges à l'occident.

— Ça, le soir, Thomas ? Vous avez du toupet !

Et elle se remit à grignoter des prunes, avec un éclair narquois dans les yeux.

— C'est bien, fit-il, d'un ton où perçait la mauvaise humeur. Eh bien ! je vais aller faire une partie de billard au cabaret, en attendant la nuit.

Or jamais il ne fréquentait le cabaret et, surtout, ne la laissait seule, le soir. Il espérait donc que cette menace déciderait Jeanne à opérer la restitution qu'il avait si fort au cœur. Et, de fait, celle-ci fut infiniment contrariée de ce projet. Mais elle tenait encore plus à son butin qu'à la compagnie de son mari.

— Allez, mon ami! lui dit-elle en s'ingurgitant une dernière cuillerée d'une crème au maïs qu'elle avait confectionnée avec des soins infinis et à laquelle cet imbécile de Thomas avait touché à peine.

Thomas alluma sa pipe, mis son chapeau et sortit. Jeanne, qui s'ennuyait déjà, se mit au lit toute seule, se tourna vers la ruelle et souleva les draps qui l'étouffaient, les repoussa d'abord jusqu'aux hanches, puis, plus bas, les reléguant enfin à coups de jarrets jusque sur ses pieds aux talons roses comme des coquillages. Et c'est grand dommage que le jour s'éteignît tout à fait, cette fois-ci. Car le spectacle était exquis de sa personne ainsi vue de dos, faisant saillie par le milieu, et exquis surtout quand, la chaleur l'incommodant décidément, elle eut relevé sa chemise en tampon sous sa nuque, la mêlant aux plis de sa belle chevelure d'ivoire. Auparavant, et pour attendre son sommeil, elle avait fermé le volet qui ne laissait filtrer, même par les nuits les plus claires, dans la chambre qu'un insensible crépuscule, n'ayant, en haut, qu'un petit trou du diamètre d'un centimètre qu'y avait fait une balle quand les Prussiens avaient occupé le pays. Car le propriétaire, un paysan aussi, était un bonhomme qui ne se ruinait pas en réparations.

## IV

Il avait perdu au billard, mais il avait gagné une bonne griserie au cabaret, notre précieux Thomas, quand, sur le coup de dix heures, toujours inquiet de son louis neuf, il se décida à rentrer. Et voyant le volet fermé, il comprit tout de suite que sa femme s'était couchée. Allons, bon! elle allait dormir, maintenant, et ne lui rendrait rien du tout! Il eut presque envie de rester dehors. Il faisait une nuit superbe, toute baignée de lune mettant comme un duvet d'or à tous les contours, de ce joli duvet d'or que les blondes ont quelquefois à la naissance du cou. L'air était comme bleu, très doucement blanc, dans ce tamis de lumière qu'il semblait traverser, faisant vibrer dans les âmes des rossignols et des grillons comme les cordes d'une lyre cachée. Et les roses mourantes envoyaient, à travers l'espace, aux infidèles papillons envolés, la douceur de leurs derniers soupirs mêlés au parfum des verveines et des foins fauchés durant le jour. Tout vibrait, autour de lui, dans une poussière de rêve. Mais le paysan est mal fait pour les extases et, après un moment d'hésitation, Thomas, un peu titubant, trouvant ses souliers très lourds, se sentant des copeaux aux gencives, ouvrit tout doucement la porte, par déférence accoutumée pour le sommeil de sa femme.

Quand il fut entré, à tâtons, dans la chambre silencieuse, au bruit rythmique près, perceptible à peine, et en s'approchant lentement du lit de la dormeuse, de Jeanne, il regarda machinalement dans le sens de la couche, en s'orientant le long des meubles, et put à grand'peine retenir un cri de joie qui lui monta à la gorge.

Ses yeux, habitués à l'obscurité déjà, dans la clarté crépusculaire à peine de la chambre, distinguaient maintenant la courbe très prononcée indiquant l'orientation de Jeanne dans son lit, le montueux derrière qu'elle avait découvert si généreusement avant de s'endormir; et, juste au milieu, à la séparation naturelle des deux joues, fiché comme dans une rainure oblique, le louis tout neuf étincelait. Ah! la bonne farce! Elle l'avait mis là pour lui faire une surprise comique. Toujours gaie, cette sacrée Jeanne! Ah! il ne lui en voulait plus du tout: c'était une idée très drôle, au demeurant. Il lui sembla qu'il serait plus respectueux et plus reconnaissant de ressaisir le présent qui lui était ainsi tendu avec les lèvres qu'avec les doigts. Car un tel porte-monnaie ne doit s'approcher qu'avec les lèvres et ne se fouiller que dans un baiser. Il se mit donc à genoux comme un dévot, tendit la bouche et voulut doucement s'emparer du louis avec le bout des dents. Sans doute mordit-il à côté. Car Jeanne poussa un petit cri, tout en lui envoyant, d'effroi, une canonnade en plein visage.

Il recula effaré et chercha bien vite, à terre, si le louis n'y avait pas roulé. Puis il courut au volet qu'il ouvrit tout grand pour donner plus de lumière dans la chambre. Une grande clarté lunaire y descendit, comme d'une écluse rompue, en nappe d'argent. Puis il continua ses recherches. Rien ! rien ! rien ! rien !

Vous vous en doutez, n'est-ce pas? il avait été victime d'une fantasmagorie naturelle seulement. Au moment où il était entré, dans la chambre noyée d'ombre, un rayon de lune traversant le volet, là où celui-ci avait été percé d'une balle, venait justement piquer un cercle de lumière d'or au mitan des joues inférieures de Jeanne, donnant ainsi l'illusion du beau louis neuf que notre ivrogne cherchait.

Jeanne finit par ne le lui rendre jamais, mais il en a pris son parti aujourd'hui.

Quand il eut refermé le volet, ce soir-là, les rossignols et les grillons se mirent à chanter de plus belle dans la plaine que dumetait, suivant le joli mot de Rabelais, une impalpable neige. Ils chantèrent une ballade à la lune, cet astre essentiellement farceur et qui se venge des trous que nous lui faisons quelquefois, en se moquant continuellement de nous.

HISTOIRE VRAIE

## HISTOIRE VRAIE

I

Or, celle-ci m'arrive, en droite ligne, de l'île Maurice, hélas! autrefois l'île de France, de Port-Louis, où tant de cadets de famille du temps de Louis XV et de Louis XVI ont laissé de si nombreux descendants qui portent encore d'aristocratiques noms français; de la patrie de Paul et Virginie, dont les poétiques amours, dans ce coin de paysage délicieux, ont charmé les heures de notre jeunesse. Car, tout enfant, et quand mes parents habitaient

Corbeil, mon père me menait souvent en pèlerinage à la maisonnette de Bernardin de Saint-Pierre, que sa génération tenait en grande estime littéraire, une maison tout enveloppée de glycines et de roses grimpantes.

Aujourd'hui, grâce à notre habileté dans les choses coloniales, Maurice appartient aux Anglais, comme suffirait à le prouver, au plus ignorant en histoire et en géographie, le gracieux portrait de la reine Victoria sur les timbres dont la lettre que je reçois est maculée, lettre empreinte d'un souvenir vraiment touchant de la France et sympathique à ses écrivains. Il paraît, en effet, que nous sommes beaucoup lus là-bas par ces chers exilés. Ils chantent aussi la musique de Massenet et ne manquent pas une occasion de se remémorer entre eux la lointaine patrie. Par simple reconnaissance donc, je leur enverrai à mon tour, par delà les mers bleues, l'assurance que quelque chose de fidèle et de fraternel pour eux est demeuré aussi en nous. Ils sont un lambeau de l'ancienne gloire maritime de la France. Mais c'est moins aux flots changeants et que des souffles opposés tourmentent que je confie pour eux cet *animæ dimidium meæ*, qu'au grand ciel qui, pour les deux mondes, a les mêmes étoiles toujours constantes aux rendez-vous que leur donne notre pensée et qui, plus haut que la terre, garde mieux le secret de nos espérances et de nos souvenirs.

Donc il paraît que là-bas encore, à Port-Louis, l'arrivée, deux fois par mois, des superbes paquebots maritimes qui apportent des nouvelles de

France est une véritable fête. On se précipite sur les quais pour les attendre, aussitôt qu'ils sont signalés et on salue leur panache blanc dès qu'il secoue ses plumes sous la nue ; on fait un accueil plein de cordialité patriotique à leurs matelots qu'on mène boire les excellentes liqueurs des Iles et qui ne s'en défendent pas ; enfin on court à la poste, aussitôt que le déchargement a commencé, attendre la distribution du courrier qui parle de Paris, ce cœur du monde dont les moindres battements se prolongent jusqu'aux plus lointaines rives en une vague longuement soulevée. Mettez au-dessus de cette scène le ciel blond et incendié de soleil, tout autour le décor d'une végétation puissante qu'on ne connaît qu'aux colonies, et vous verrez un spectacle consolant et radieux tout ensemble, bien différent de cet affreux Tonkin où vont mourir nos soldats.

Comme vous le pensez, les employés de la poste finissent par connaître à merveille ceux qui reçoivent les courriers les plus nombreux et les plus importants. Ce sont, pour eux, de véritables clients, des habitués qu'ils classent d'après la générosité des menus pourboires. Il ont leurs favoris et leurs victimes.

II

Or, il y a quelques années, une de ces dernières était certainement le vieux canonnier Quévaux, de la marine française, un ancien chef de pièce qui était venu prendre là ses invalides et que tout le monde connaissait, un fidèle de l'empereur sous qui il avait commencé, tout enfant, de servir. Il y avait bien une vingtaine d'années que ce Quévaux, fort certainement oublié des parents qu'il avait laissés sur le continent et qui n'avaient rien à en attendre, n'avait reçu une seule lettre au timbre de France. Eh bien ! c'était un des plus assidus à ces distributions bimensuelles des courriers français à la poste. Appuyé sur sa vieille canne de bois blanc à crosse, il était le premier à pousser un hourra au rivage, quand apparaissait le vaisseau attendu. Ses vieilles mains calleuses et tordues comme des sarments de vigne se tendaient les premières vers nos matelots, et il avait des larmes dans les yeux devant notre drapeau. Le premier aussi, et en se hâtant de son pas claudicant par suite d'anciennes blessures, il arrivait à la poste et eût bousculé volontiers ses voisins pour demander à l'employé, préposé en ce temps-là à l'unique guichet, s'il n'y avait rien pour lui. Ce fonctionnaire, toujours inutilement dérangé, avait fini par prendre en une grippe abominable ce pauvre Quévaux qui, fort heureusement pour lui, un peu sourd, comme tous les vieux artilleurs, n'entendait que la moitié des aménités dont il était l'objet : « Vieille bête ! vieux crétin ! vieille moule ! vieille culasse ! » La douceur administrative s'épanchait sur lui en ondes sonores dont il ne percevait que le bruit.

Et cependant, de vous à moi, rien était-il plus touchant que cette obstination du proscrit à attendre un souvenir de la patrie ? Qu'espérait ce bonhomme que l'oubli de tous ne parvenait pas à rebuter ? Il espérait peut-être que parmi ces êtres qu'il avait fait sauter, tout enfants, sur ses genoux, l'un ou l'autre serait pris, un jour, de pitié pour sa solitude. Il se serait contenté d'un petit-neveu qui, le croyant riche, lui aurait écrit pour lui tirer une carotte. Mais pas même ce souvenir intéressé. On le savait pauvre. On le croyait peut-être mort et on ne s'en était seulement jamais inquiété. Il était trop vieux d'ailleurs pour que le correspondant inutilement souhaité depuis vingt ans lui apparût sous la forme d'un notaire lui annonçant un héritage.

Mais non ! il n'espérait rien ! Il se berçait tout simplement d'une illusion, et, en cela, il se conduisait comme un sage. Ce n'est pas, comme l'a dit Montaigne, le doute, mais bien le rêve qui est un bon oreiller pour dormir. Et puis, dans ce brouhaha de paquets venus de Paris, il respirait l'air lointain de la patrie. Un jour une phalène qui avait fait la traversée, dans le repli d'un colis, ouvrit ses ailes quand celui-ci fut secoué pour le débarquement. Il parut au vieux Quévaux que c'était l'âme immortelle de la France qui s'envolait sous ses yeux et ceux-ci se remplirent de pleurs.

### III

Or il advint qu'un directeur des postes ambitieux voulut mettre son bureau à l'instar (comme on dit à Bruxelles) des bureaux les plus perfectionnés des grandes villes européennes. Nous avons assisté nous-mêmes, en France, à Paris, à une réforme de cette nature, à un de ces perfectionnements qui sont la gloire du siècle. Maintenant le moindre de nos bureaux, à Paris, a une douzaine de guichets. Mais quand il y a des employés derrière trois, c'est déjà bien. Le public ne semble donc pas y avoir gagné grand'chose et faire charger une lettre est demeuré une opération qui dure un quart d'heure au moins. Mais enfin c'est incontestablement décoratif. C'est un luxe, jusqu'ici, mais enfin, c'est aussi une espérance. Un jour viendra peut-être où chacun de ces yeux ouverts sur le public aura vraiment une prunelle sous sa paupière de cuivre et un regard interrogeant les besoins de la multitude. Ce sera l'âge d'or pour tous ceux qui auraient si grand'raison de regretter, comme Néron, de savoir écrire.

A Port-Louis, chaque lettre de l'alphabet avait dorénavant son petit guichet postal où chaque client, suivant celle qui commençait son nom, n'avait plus, aussitôt le service de répartition fait entre ces différents guichets, qu'à plonger la main. Chacun de ces casiers intérieurs constituait une façon de trou régulier dans la muraille, où ils allaient s'alignant dans l'ordre grammatical. C'était en même temps une grande simplification pour le service — ce qu'on avait cherché surtout — et une commodité réelle pour le public, ce dont on se préoccupe, en général, infiniment moins.

On inaugurait, ce jour-là, ce nouvel aménagement et le courrier de France venait d'arriver. Bien entendu, avant que le travail de répartition des lettres dans leurs casiers respectifs fût achevé, les portes de la poste demeuraient fermées au public. Quévaux était là le premier, comme toujours. Quand on les ouvrit, il se précipita, sans se rendre bien compte de la transformation, essentielle pourtant, qui s'était opérée. Par habitude, sans en chercher plus long, apercevant l'employé qui avait coutume de lui annoncer, agrémentée de quelques injures, l'absence de toute correspondance, très poliment comme toujours, il s'en alla à lui et lui posa sa question accoutumée.

Le bureaucrate bondit et saisissant enfin l'occasion de l'insulter tout haut, sans que personne y trouvât à redire, d'une voix de stentor qui fit se retourner et tressauter tous ceux qui étaient dans le bureau, il lui cria :

— Allez voir dans le trou du Q !

— C'est tout vu ! fit le vieux canonnier qui, s'il n'avait pas compris, avait entendu cette fois-ci.

Et, essayant de soulever sa vieille jambe jusqu'à la hauteur du derrière du fonctionnaire, il perdit l'équilibre, tomba à la renverse et mourut subitement du coup qu'il reçut, à l'occiput, en criant : « Vive la France ! »

4.

# LE POMMIER

## LE POMMIER

*A Paul Arène.*

### I

La toute mignonne, mais exquise propriété de M. Rodamour descendait, plus longue que large, jusqu'au chemin qui borde la Seine, à Soisy-sous-Etiolles, dans un des plus jolis paysages des environs de Paris, vis-à-vis ce petit paradis de Grandbourg où se passèrent mes vacances d'enfant, avec de bien jolies petites camarades qui sont devenues de grosses mamans aujourd'hui. J'ai eu bien tort de ne pas manger ce bien-là en herbe ! Mais passons. M. Rodamour avait, lui, en outre de sa propriété, une délicieuse femme n'ayant pas la trentaine, de belle prestance, gracieuse à l'envi, toutefois imposante juste autant qu'il faut, appétissante comme on ne saurait l'être davantage, ni blonde ni brune, ayant des yeux ni bleus ni noirs, d'un charme indéfinissable, mais dont se défendait difficilement un homme avisé. Elle n'avait ni la beauté romaine ni le minois chiffonné. Elle était un être très particulier, comme est souvent la Parisienne de race, et madame Rodamour était née rue Saint-Denis. Elle était moins embêtante qu'une grande dame et plus distinguée qu'une bourgeoise. Arrangez cela comme vous voudrez. Sachez seulement qu'à mon humble avis M. Rodamour avait mieux à faire chez lui qu'à biner les allées de son jardin.

Mais M. Rodamour était un villégiateur sérieux. Il adorait son coin de terre et, son père ayant été capitaine dans la garde nationale, il se comparait volontiers lui-même à Cincinnatus ayant abandonné l'épée pour la bêche. Il ne voulait pas de jardinier et soignait lui-même son bien. Abonné à tous les grands journaux d'horticulture et même d'agriculture, il mêlait, sur son terrain, l'*utile dulci* suivant le conseil du poète. En un carré, les asperges élevaient leurs tiges automnales, à la frondaison minuscule, qui transforme leur plant en une petite forêt; en un autre, les laitues au vert tendre ouvraient leur large cœur de bonnes filles; plus loin, les dernières tomates ensanglantaient les feuillages racornis; plus loin encore, les haricots se gonflaient de tempêtes domestiques pour ce qu'on a appelé si mal à propos le silence du cabinet.

Mais c'était ses fruits surtout dont M. Rodamour était fier comme si Junon, ayant perdu son paon familier, lui eût confié son éventail. A l'entendre, Montmorency avait perdu le secret de ses cerises et il l'avait retrouvé; Montreuil avait égaré la recette de ses pêches et il en avait hérité; Fontainebleau avait renoncé au chasselas par jalousie de se voir surpassé. Les adieux de Fontainebleau au raisin avaient dû être quelque chose de bien touchant. M. Rodamour avait même des vignes en plein vent, comme ses haricots en leur maturité, et il vous faisait, en moyenne, de dix à douze litres d'un vin supérieur, à son avis, au Saint-Emilion. Encore avait-il eu à souffrir, au moment du phylloxera. Et ses pommes! Oh! les pommes de M. Rodamour! Célèbres, à l'entendre, dans toute la contrée. On les prenait pour des potirons et les parents avisés en achetaient pour faire des mappemondes à leurs enfants. On les mangeait ensuite. C'est délicieux un morceau d'Amérique ou une tranche d'Océanie. Avec quel plaisir on mordait dans l'Allemagne! Les poires? Toutes les variétés. Les duchesses, dans son verger, côtoyaient les bons chrétiens et même les curés, comme au bon vieux temps à Trianon et à Versailles. Il avait toutes les variétés de poires et toutes les variétés de groseilles, même celles qu'on ne mange qu'après s'être coiffé d'une casquette à trois ponts et avoir frisé des accroche-cœurs. J'allais oublier ses prunes, vertes ou taupinardes — car il en avait de toutes les nuances — et ses abricots qui étaient inconvenants. Ses cassissiers mettaient sur tout cela comme une éclaboussure d'encre, en leur longue et persistante maturité.

Or, cette année, comme partout, la pomme était, à Soisy-sous-Etiolles, d'une abondance désordonnée et M. Rodamour, déjà nommé, possédait un pommier très haut, un pommier géant, qui en était tellement couvert qu'on eût dit de loin, tant il était opaque, un immense nez bourgeonné, ce que rendait plus vraisemblable encore la forme arrondie de cet arbre fruitier. Une flèche qu'on y eût lancée ne serait certainement pas retombée à terre. Plus une feuille; rien que des pommes. Et quelles pommes! De petits derrières d'anges, comme dans les Assomptions italiennes. Aussi avait-il résolu d'en faire lui-même et solennellement la cueillette. Et pour ce, sans rien dire à personne, avait-il été quérir, chez un vannier, une énorme manne. Son plan était simple comme tout et le notaire à qui il l'aurait confié, à l'instar d'un général fameux, n'aurait pas eu envie de se sauver avec. Il monterait la manne dans l'arbre, au moyen d'une bonne corde passée autour d'une forte branche et faisant poulie. Puis lui-même s'y installerait; et quand la manne serait pleine, il la redescendrait par le même moyen. C'était un Archimède en chambre que ce M. Rodamour.

## II

Or, ce matin-là, précisément, il avait mis son plan à exécution, toujours sans rien dire à personne. Car il était de tempérament sournois et méfiant dès qu'il s'agissait des choses de son jardin. Disparu de bonne heure et sans s'ouvrir même à sa femme (la réciproque eût été, en effet, plus agréable et plus naturelle), il s'était installé là-haut, à une bonne fourche dans laquelle il était assis, et une à une, en choisissant les plus grosses, il avait commencé de cueillir ses pommes, ayant grand soin de les essuyer avec un linge fin, de leur faire un tas de petites câlineries, de les rendre luisantes comme le parquet d'un musée, ce qui rendait son opération complète extrêmement lente, si bien qu'à neuf heures du matin la manne n'était pas encore emplie à moitié. Un peu fatigué déjà, il avait interrompu un moment son travail, et, à défaut de pommes, se faisait reluire le front à lui-même avec un mouchoir, son front dénudé et pointu comme une calville. Or, en regardant machinalement entre les branches encore chargées, ne vit-il pas s'avancer, dans le gazon, madame Rodamour causant avec l'abbé Bridoye, curé de la paroisse, un bon homme de curé campagnard, matois dans les choses de la vie, sincère dans les choses du ciel? Et c'était un curieux contraste que celui de cette belle créature, dans un négligé naturel plein de grâce, les cheveux à peine ramassés sous un chapeau de paille, une rose sauvage — M. Rodamour ne permettait pas qu'on en cueillît d'autres — fermant son peignoir, et de cet oint du Seigneur, bedonnant dans un large rire, fendant quelquefois la bouche comme un coup de scie dans un tronc d'arbre. Matin charmant d'ailleurs, matin d'automne où passaient, tout près du sable, des papillons alanguis aux ailes de soufre pâle, où d'invisibles araignées avaient tendu, entre les branches jaunes, des rosaces de cathédrales en fils de Vierge, où les hauts dahlias stupides arrondissaient leurs cous d'oison au-dessus de l'ensanglantement des sauges pourprées. Et, comme aux boucles des marquises d'autrefois, de petits diamants de rosée scintillaient aux souliers de madame Rodamour.

Comme souvent d'ailleurs, l'abbé Bridoye, qui la savait merveilleusement charitable, était venu lui demander un peu d'argent pour une bonne œuvre. Car elle donnait toujours, bien que ne croyant pas beaucoup, ce qui désespérait le brave homme. Ah! si une telle femme eût pratiqué, quelle perfection! Et il tentait de la convertir; mais elle riait à ses sermons, de toute la blancheur de ses dents que les lézards gourmands, blottis dans les verdures de buis et de thym, prenaient, de loin, pour des gouttes de lait. Et le bon curé recommençait toujours son antienne, et il l'avait recommencée justement, ce matin-là, au moment où M. Rodamour avait interrompu sa cueillette et les avait aperçus. Or M. Rodamour n'aimait pas les curés, — par économie d'abord et puis parce qu'il était violemment libre penseur. Il s'en défiait comme de la peste et les croyait capables de tout, même de le faire cocu. Voyant s'approcher le couple disparate, il ne broncha pas et résolut de tâcher d'entendre un peu ce qui se disait entre le difforme pontife et son exquise épouse. Justement ils continuaient, madame caressant les fleurettes du gazon avec le bout de son ombrelle, à se rapprocher, si bien que leur voix arriva de plus en plus à son oreille. Ma foi, écoutons avec lui.

### III

— Si nous allions nous asseoir un peu sous ce pommier, monsieur le curé?

— Ah! ma chère paroissienne, vous ne vous rappelez donc pas que le pommier fut toujours un arbre fatal à la femme? Fille d'Ève! Fille d'Ève! Ran! Ran! Ran! Ran!

(Ceci figure une énorme prise de tabac que M. le curé engouffra, en quatre fois, dans son évangélique nez.)

— Vous savez bien, monsieur le curé, que je ne crois pas à ces bêtises-là.

— Et je le déplore, madame Rodamour. Si vous saviez comme c'est reposant, notre sainte religion! Vous ne vous êtes donc jamais confessée?

— Oh! si! monsieur le curé. Quand j'ai fait ma première communion. Ah! comme on est bien ici! Pouf!

(Ceci figure le bruit, délicat d'ailleurs, que fit

madame Rodamour, en laissant choir dans l'herbe son magnifique séant. Onctueusement, sans bruit, l'abbé Bridoye avait glissé sa grossière citrouille dans le voisinage.)

— Et vous ne vous rappelez pas combien vous avez été soulagée?

— Pas tant, monsieur le curé, que quand on m'a retiré, le soir, ma robe blanche. J'étais si serrée dedans!

— C'est si bon d'ouvrir son cœur et de se confesser! Ça ne vous manque jamais?

— Ah bien! si, mon cher abbé! J'aimerais quelquefois à me souvenir et à raconter.

— Mais, ma chère enfant, le confesseur, c'est justement cela. Seulement il faut y ajouter le repentir.

— Ça, ça me serait égal. Se repentir ne vous reprend rien.

— Nous sommes seuls ici; voulez-vous essayer de vous confesser? Ran! Ran! Ran! Ran!

— Vous plaisantez, monsieur l'abbé! Là? en plein air?

— Les premiers chrétiens se confessaient partout les uns aux autres. Vous verrez comme vous vous trouverez bien après avoir déchargé dans mon sein le poids de vos péchés! Il vous semblera que vous avez des ailes.

Et le bon curé disait cela avec un accent d'apôtre qui eût ému même un rocher sur lequel se serait assis Voltaire autrefois. Et il continua :

— Je vais vous aider. Nous allons dire ensemble le *Credo* que vous ne vous rappelez peut-être plus très bien.

Et un susurrement à demi-voix, doux comme un bourdonnement de mouche, monta dans l'air, madame Rodamour ne se sentant plus la force de contrarier plus longtemps un homme de si bonne foi. Il reprit encore, après quelques petits salamalecs oraux aparté :

— Voyons, je vais procéder en vous interrogeant, comme il nous est permis de le faire avec les personnes qui ont perdu l'habitude. Je ne vous demande seulement pas si vous n'avez pas trompé votre mari?

— Ça va de soi, monsieur l'abbé.

— Hein! qu'est-ce qui va de soi?

— Que je l'ai trompé, monsieur l'abbé. Vous ne voudriez pas le contraire?

— Ah! malheureuse enfant! Ran! Ran! Ran! Ran! Et combien de fois?

— Souvent, hélas! Notamment toutes les fois que je l'ai pu.

— Et avec la même personne?

— Oui, chaque fois.

— Ce n'était pas, au moins, avec des amis?

— Oh! pas toujours. Je ne pouvais pas le forcer à aimer les mêmes personnes que moi.

— Vous ne recommencerez pas, au moins?

— Qui peut en répondre, monsieur l'abbé?

Le pauvre prêtre était tellement troublé, consterné, qu'il se leva et que, décidé à abandonner un interrogatoire où sa cliente apportait si peu de remords, il lui dit, d'une voix solennellement attristée, en mettant un doigt en l'air, l'index de sa main droite :

— Que celui qui est là-haut vous pardonne !

— Ah ! nom de Dieu ! hurla une voix dans les branches du pommier, juste au-dessus de leur tête.

Et bzing ! bzing ! bzing ! bzing !

Autant de bzing, autant de pommes, de grosses pommes qui s'abattaient, dures, assommantes, sur le chef et sur les épaules de madame Rodamour. Et quand, s'étant levée à son tour, elle s'enfuit à toutes jambes, les projectiles continuèrent à lui mitrailler le dos et les fesses, pendant que la voix hurlait toujours :

— Ah ! nom de Dieu ! nom de Dieu ! nom de Dieu !

Le pauvre abbé Bridoye fut lui-même victime de quelques carambolages. Fort heureusement pour madame Rodamour, son mari, ayant perdu l'équilibre dans sa pantomime furieuse, se cassa à moitié les reins, ce qui le rendit inoffensif pour longtemps. Elle le soigna si bien que, quand il fut guéri, il lui avait pardonné. Quant au curé, il s'était contenté de dire : « Je vous avais prévenue, madame, que le pommier a toujours été fatal aux filles d'Eve ! »

# LES SOULIERS DE ROSE

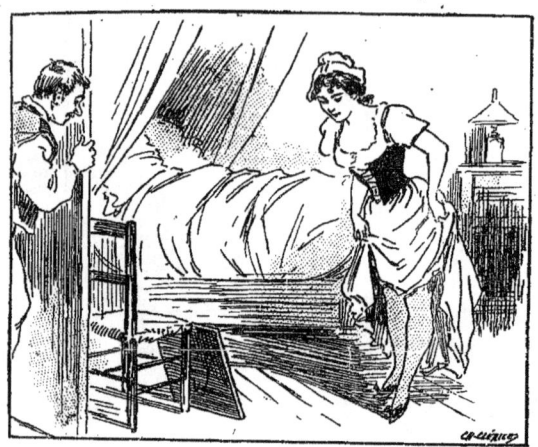

## LES SOULIERS DE ROSE

### I

Un conte de Noël, alors? Non! pas encore! Et puis, il y a longtemps déjà que je n'ai plus la superstition de Noël. On ne met plus rien dans mes souliers depuis qu'ils ont grandi et pourraient contenir plus de choses. Cette simple mesquinerie de fait m'a dégoûté de l'institution. Et puis, je suis un peu las de voir, tous les ans, naître un Dieu qui n'en finit pas avec la misère humaine. Ce Dieu ressemble vraiment trop à un Parlement. Enfin, cette façon de célébrer le salut du monde par un massacre effroyable d'animaux innocents, comme le cochon et la dinde, par une gobichonnade nocturne qui remplit les rues de pochards le lendemain matin, me paraît un hommage insuffisant au seul Dieu que j'adore, celui de l'éternelle Beauté. Les fêtes antiques de Vénus donnaient lieu à de plus nobles rites. Enfin Noël est devenu un escompte du nouvel an qui suffisait déjà bien à vider nos bourses. Voilà pourquoi je ne ferai plus de contes de Noël. Mais ça ne m'empêchera pas de parler de souliers.

Ceux-là, très mignons vraiment, noirs et luisants comme de petits curés, se prélassaient à la devanture de M. Pincegourde, cordonnier de son état dans la rue d'Anonay-les-Pétrouilles, un village normand que je qualifierais même de petite ville, si les géographes lui avaient donné une place plus considérable dans leurs inventions. Car vous savez que la géographie est surtout une science d'imagination. Aucun explorateur ne me démentira. Anonay-les-Pétrouilles n'est guère connu que des touristes qui en admirent l'aimable situation sur les bords de la Nouillade, une petite rivière dont les pêcheurs de truites connaissent, seuls, les méandres capricieux sous une double paupière dont les cils sont des saules argentés, le tout sis en Normandie, et à trois heures de Paris seulement, quand on aura exécuté le chemin de fer promis depuis dix ans par le député de l'arrondissement. En attendant, Anonay-les-Pétrouilles jouit de toutes les immunités réservées aux seules villes que ne déshonorent pas ces bâtiments hideux qu'on appelle des gares. On y entend encore le fouet joyeux des conducteurs de diligence dans les clameurs des oies matinales. C'est le dernier vestige du paradis.

Et les petits souliers, uniques dans leur genre, se prélassaient entre de lourdes chaussures de paysans, souliers ferrés comme des massues, sabots et galoches n'étant au fond que des sabots n'ayant pas le courage de leur opinion. Aussi, quand la jolie Rose Michard venait toutes les semaines faire son marché à Anonay, juchée harmonieusement sur son âne gris Bidou, — je dis harmonieusement, parce que le bât faisait une jolie petite musique sous son fessier copieux, — ne manquait-elle jamais de mettre pied à terre pour les aller regarder. Et ce qu'ils lui faisaient envie! Elle les avait déjà essayés plusieurs fois. Ils lui allaient précisément à ravir, les complaisants petits souliers. Ils lui donnaient l'air d'une duchesse, au moins comme elle s'imaginait les duchesses. Mais douze francs! Et ce sacré M. Pincegourde qui ne voulait pas en rabattre un sou!

Elle en avait bien parlé à Michard, son mari. Michard était un brave paysan, très amoureux de sa femme, mais fort avare aussi, Il ne demandait pas mieux que de contenter sa femme, — mais en nature surtout et sans qu'il lui en coûtât autre chose que son naturel plaisir. Quant à ajouter douze francs à cette dépense, il s'y était jusque-là obstinément refusé. Alors Rose imagina de le prendre par la famine. Dès qu'elle le voyait en appétit de conjugales caresses, elle ne manquait pas de lui fausser compagnie pour quelque raison.

Notre Michard commençait à ne plus pouvoir manger son propre bien, même en herbe. Et notez que ce que lui refusait Rose valait joliment mieux qu'une paire de souliers. Une frimousse ravissante avec des cheveux qui sentaient la verveine et une bouche qui fleurait la fraise, un corps jeune et rondelet rythmiquement sinueux, une énorme bonne volonté dans le plus doux des devoirs. Ah! je consens à marcher pieds nus toute ma vie, pour ce prix-là !

Aussi Michard se faisait-il beaucoup de mauvais sang de voir sa femme aussi changée. Mais Rose était aussi entêtée que M. Pincegourde lui-même. Il lui fallait les petits souliers ou plus de bagatelle, comme on dit chez les gens de campagne. Et le printemps mettait ses premières sèves aux veines de tout ce qui respire, gonflant de tendresse les bourgeons eux-mêmes, rendant suppliants les yeux des bêtes dans les pâturages qu'elles cessent de brouter, secouant de petites convulsions délicieuses les ailes des oiseaux qui se poursuivent entre les branches encore nues, à travers les perles du dégel, autrement somptueuses que celles de la rosée, mettant aux toits mouillés encore des lumières joyeuses; le printemps, entremetteur exquis, divin corrupteur des virginités craintives, ressusciteur de baisers aux lèvres déjà fleuries par l'amour.

Michard n'y tint plus et capitula.

## II

Et au marché du vendredi qui suivit sa lâcheté, Rose ne vint pas seule au marché d'Anonay-les-Pétrouilles, sur le dos de Bidou dont l'œil gourmand regardait obliquement, sur la route, les chardons croître et bleuir ; à côté d'elle marchait Michard, une badine innocente à la main, Michard un peu vanné, mais ayant l'air content, tout de même, du marché qu'il avait consenti et où Rose, lui donnant l'exemple, s'était royalement exécutée. On fit halte devant la cordonnerie de M. Pincegourde, et, pendant que Bidou volait gracieusement un chou à la voiture d'un maraîcher descendu pour boire la goutte à côté, Rose se glissait, pieds et âme, dans les jolis petits souliers, noirs et luisants comme de petits curés. Et ne voilà-t-il pas qu'après que Michard eut douloureusement extrait de sa poche les douze francs que M. Pincegourde empocha joyeusement, elle ne voulait plus les quitter.

— Mais tu vas les user tout de suite ! lui disait Michard, encore mal remis de sa générosité.

— Je ne remarcherai pas avec, lui répondit-elle avec raison, puisque je vais remonter sur Bidou.

Il n'y avait rien à répondre.

— Dès que tu ne marches pas avec ! lui fit-il avec résignation.

Et lui-même lui servit d'étrier, afin que la précieuse chaussure ne touchât seulement pas le sol.

Mieux encore, dans ses bras il la souleva comme un enfant, pour l'asseoir sur le dos de Bidou qui chiquait encore le trognon du chou volé. Et, durant tout le marché, il ne souffrit pas qu'elle descendît un seul instant de son âne. Ce fut lui qui fit les provisions, marchanda, fit semblant de partir, revint, transigea, joua toute la petite comédie à laquelle s'amusent marchands et acheteurs sur les places publiques, entre les étaux rudimentaires, les tas de légumes, les paniers de volailles vivantes, les veaux mugissants et les tables improvisées pour les marchands de bimbeloterie. Mais il n'acheta pas grand'chose, le bougre! Il souffrait encore de la blessure que les douze francs avaient ouverte dans ses économies.

Et tout le long de la route, en revenant, ce fut un véritable prêche, une thèse pour le doctorat, l'exposé de toutes les précautions à prendre pour ne pas abîmer les jolis petits souliers. Elles se résumaient toutes en ce précepte unique : ne marcher avec à aucun prix!

Avec le même cérémonial qu'au départ de la cordonnerie, il enleva Rose de dessus sa monture et la déposa, d'une seule allée, dans sa chambre en lui recommandant d'ôter bien vite les jolis petits souliers. Après quoi, il s'en fut vaquer à ses affaires, en se disant qu'il avait été bien faible vraiment.

## III

Inutile de vous dire que Rose commença par lui désobéir. Ayant posé à terre l'unique glace qui se dressait, un instant auparavant, au-dessus de la cheminée, elle y contemplait, avec extase, ses pieds si délicieusement chaussés. Elle se promenait coquettement et la jupe relevée à travers la chambre, pour s'y regarder passer, se grisant de la musiquette du cuir neuf qui gazouillait rythmiquement comme un oiseau. Ce va-et-vient et ce craquement cadencé la berçaient dans une façon de rêverie. Et, de plus en plus, elle remontait sa jupe pour mieux jouir de l'effet de sa jambe rondelette si exquisement coiffée par le bout. Mathurin, le cousin Mathurin, qui en était violemment féru, ne choisit donc pas un mauvais moment pour entrer, sans frapper, profitant de ce qu'elle avait, dans son empressement à descendre la glace, laissé la porte entr'ouverte. Et cet animal de Mathurin qui, en regardant par la fente de la porte, s'était fort exalté à un spectacle qui n'était pas cependant pour lui, eut immédiatement, avec Rose interloquée, de mauvaises façons contre lesquelles celle-ci ne protesta que maladroitement, toute troublée qu'elle était et craignant de faire du bruit en se défendant, si bien qu'on ne sait trop comment tous les deux étaient sur le lit, en dispositions notoirement adultères, quand Michard, qui avait oublié une dernière recommandation à faire à sa femme sur la façon de cirer les petits souliers, entra bien inopinément, tel un caniche dans un jeu de boules. Mathurin, qui était l'héroïsme même, profita de ce que la pièce était au rez-de-chaussée pour sauter par la fenêtre. Mais Michard, qui était la jalousie en personne, y sauta derrière lui, en le poursuivant avec un énorme gourdin. L'attrapa-t-il, ou non ? Mathurin rentra chez lui avec deux côtes enfoncées. Mais peut-être se les était-il brisées en tombant dans sa course désespérée.

Michard suait à grosses gouttes et riboulait des yeux toujours furieux quand il rentra, un moment après.

— Malheureuse ! fit-il, à sa femme qui pleurait bêbêtement, assise sur le bord du lit, sans que ses pieds, toujours chaussés, traînassent à terre.

— Pardonne-moi, lui dit-elle dans un étouffement de sanglots, si tu savais !

— Mais je sais, riposta-t-il, toujours menaçant. J'ai vu.

— Il est entré dans la chambre comme un voleur et s'est jeté sur moi. Comme je voulais m'échapper, il s'est mis à courir après moi, dans tous les sens, à travers les meubles. Alors je me suis rappelé que tu m'avais défendu de marcher avec mes petits souliers, et j'ai sauté sur le lit. Tu vois bien que c'est ta faute.

Et elle se fondait en larmes mêlées de reproches qui eussent attendri et rempli de remords un tigre.

— Allons ! tu es une brave petite femme ! lui dit-il d'une voix radoucie. Mais maintenant retire les souliers.

Et il l'embrassa avec une mansuétude infinie, songeant que ceux-ci, du moins, n'avaient pas souffert.

COUCOU

## COUCOU

*A Jean de la Butte.*

### I

Il faut n'avoir jamais fourré le bout de son nez dans nos anciens fabliaux pour ignorer que ce mot était synonyme de cocu, dans notre vieille langue française, — la vraie. Témoin cette chanson bourguignonne sur un air de noël, ce qui la rend de saison :

> Les coucous sont gras
> Parc' qu'on n'en tu' guère.
> Les coucous sont gras
> Parce qu'on n'en tu' pas.

> La crainte que l'on a
> C'est de tuer son père,
> Son cousin germain,
> Son oncle ou son frère.

> Les coucous sont gras, etc.

Si, d'autre part, vous consultez ce recueil de blagues que M. de Buffon secoua de ses manchettes, vous y verrez que, d'après la légende populaire, le coucou est un oiseau grimpeur ne chantant qu'au printemps et qui va pondre ses œufs dans le nid des autres, ce qui est tout le portrait d'un amant adultère et non d'un mari trompé. Alors, pourquoi cette synonymie absurde? Une antiphrase peut-être. Nos aïeux aimaient l'ironie jusque dans les mots. Une similitude de consonances? Peut-être encore. Nos aïeux avaient le génie imitatif. Ou bien quelque mari plaisant, s'étant caché pendant qu'on le trompait, reparut-il joyeusement, son malheur consommé, en s'écriant : « Coucou ! » comme dans les jeux d'enfant. Ce n'est pas impossible encore. Il y a eu, Dieu merci ! pour la corporation, des cocus facétieux et de belle humeur. Eh bien ! moi, je crois qu'il y a, au fond de cette contradiction apparente dans les idées, une idée tout à fait philosophique. Le cocu, dans un ménage à trois, est, par essence, le personnage ridicule. Or, les trois quarts du temps, ce personnage ridicule est, non pas le mari, mais l'amant ! Toute la comédie contemporaine devrait proclamer ce fait, à la barbe géniale de Molière. Où donc sont les vraies joies en amour? Dans l'attente patiente du bonheur assuré, dans les mille soins dont on entoure l'objet aimé, dans ce nid qu'on bâtit pour les tendresses rêvées, brin à brin, de toutes les fibres de son cœur. Or le coucou ne connaît pas ça. Il arrive brutalement poser la race dans l'œuvre délicat et charmant des tendresses et des souvenirs d'un autre. La brute ! Il se débarrasse simplement le ventre là où un autre avait rêvé, avait délicieusement souffert, avait aimé vraiment. Ah ! oui, le plus heureux des trois et certainement le moins risible, c'est le mari. Il peut être à son choix comique ou tragique au nez de la loi. Or, se foutre de la loi, à force de la respecter, est le vrai bonheur d'un bon citoyen. Quel rôle le plus souvent que celui de l'amant ! Il se cache comme un voleur dans les armoires pour y assister, à travers les rainures du bois, au plus humiliant des spectacles. Il était venu dans les plus belligérantes intentions et le voilà condamné à une paix armée tout à fait déplaisante. Et vous ne voudriez pas que ce fût lui qui eût son béjaune, comme dirait Panurge, qui fut le vrai cocu ? Et voilà pourquoi celui-ci, vraisemblablement, et dans l'esprit sage de nos aïeux, eut pour symbole le coucou et comment les deux mots furent synonymes, comme achèvera de le prouver d'ailleurs le petit conte suivant, qui me fut fait, dans ma jeunesse, par un très vieux Normand, menteur à lui tout seul comme un cent de Gascons. Voilà assez longtemps qu'on calomnie notre Gascogne.

## II

Donc, en un petit bourg des environs de Rouen, appelé, si je m'en souviens bien, Lamothe-Vessière, le nommé Brisocuq, il y a bien deux siècles de cela, avait assez méchamment assassiné sa belle-mère dont les jeux de mots perpétuels sur son propre nom l'avaient agacé jusqu'au crime. Successivement elle l'avait appelé, le ridiculisant aux yeux de sa fille : Ventepétard, Brisaufesse, Petalanus, Vessauqucu, marquis de Zéphyrauderrière... Il n'avait pu supporter ce dernier, était sorti de ses gonds, avait saisi une hache et, nonobstant les cris de son épouse, avait coupassé la vieille malpropre en une demi-douzaine de morceaux, sans méthode, sans même prendre la peine de la rendre présentable sur un plat, à un dîner de cannibales bien élevés. Une telle boucherie pour un motif aussi futile en apparence, aussi sérieux aux yeux d'un vrai penseur, avait vivement indisposé la justice contre lui. Ils sont si peu psychologues, dans la justice! Celle-ci lui avait témoigné son antipathie en le condamnant froidement à être pendu par le cou, haut et court, sur la principale place de Rouen. En vain le malheureux Brisocuq, qui avait gardé le sentiment des convenances, avait protesté contre ce rapprochement avec Jeanne d'Arc, exposant qu'il avait six enfants et avait peut-être essayé d'en faire cinquante mille, ce qui le rendait indigne de voisiner, même en mémoire, avec l'héroïque vierge de Vaucouleurs. On ne lui tint aucun compte de ce sentiment respectueux et l'arrêt fut maintenu. On aurait d'ailleurs fort mécontenté les Rouennais, qui ont été toujours grands amateurs d'exécutions, en les privant de celle-là qui promettait d'être pittoresque. Toutes les belles-mères de la future patrie de Flaubert avaient juré d'y assister et de faire au patient un dernier et généreux charivari. Ah ! les sales harpies ! Elles auraient voulu mettre en miettes, du bout crochu de leurs ongles, comme autrefois les Ménades Orphée, l'harmonieux Brisocuq. Car je ne vous cacherai pas davantage que, comme beaucoup de noms faisant image, notre assassin avait hérité celui-là de ses aïeux, pour les vertus carminatives particulières à sa famille. Son aïeul paternel, Eole Brisocuq, avait fait éclater, par pari, un cor de chasse, en y soufflant par le derrière, devant le roi Charles IX et sa cour ahuris d'admiration. Le roi rit tant qu'il faillit en décommander la Saint-Barthélemy qui devait avoir lieu le soir même. Son simple grand-père, Lunaire Brisocuq, avait, à trois mètres de distance, et d'un seul coup, décoiffé de son chapeau le plus grand cornard du règne de Louis XIII, qui en faillit gracier, de contentement, l'infortuné de Thou. Et ainsi, depuis les origines de sa souche, à travers les fastes de notre histoire, jusqu'à lui, Bonaventure Brisocuq, qui jouait *Vive Henri IV* en bouclant les sons et *Quand je bois du vin clairet* à faire pondre les perruches. C'était même ce talent de société qui avait commencé la mésalliance entre sa belle-mère, une chipie qui détestait la musique, et lui qui ne manquait jamais de lui envoyer à portée du nez ses dernières compositions. O Weber ! C'était pour riposter à ses sonates qu'elle l'avait taquiné à son tour, en plaisantant le nom de ses pères. Vous savez comment ça avait fini.

## III

On exécutait, en ce temps-là, à midi, pour que les bonnes gens pussent prendre un apéritif économique en allant déjeuner. Or, le jour fixé pour la liquidation judiciaire du compte Brisocuq, il faisait une neige abominable, un temps à ne pas faire sortir un condamné à mort. Brisocuq en fit la réflexion, mais inutilement. On ne l'en fit pas moins monter en voiture découverte, avec une simple corde pour cache-nez et sa chemise ouverte pour fourrure. Il semblait que le ciel, plus clément que nous, fît pleuvoir de l'innocence, en flocons de blancheur, sur les épaules du malheureux, délicatement ligotté d'ailleurs derrière le dos. Et la foule qui est méchante, la foule, constellée de belles-mères secouant dans l'avalanche leur fureur, accablait d'injures et de malédictions ce justicier, ce héros, ce martyr de Brisocuq. Et les quolibets sur son nom allaient de plus belle. C'était, à vrai dire, un déchaînement de toutes les passions aveugles et mauvaises contre le postérieur Amphion. Un seul homme lui était doux et constant, plein d'attentions et de bonnes paroles, l'abritant d'un parapluie moral contre cette bourrasque, et cet homme, seul humain dans cette tourbe de bêtes féroces, c'était le bourreau Piquenouille, le meilleur homme de bourreau que Rouen ait possédé jamais. Tandis que ses collègues affectaient, encore comme aujourd'hui, une austérité de façons qui démoralise le condamné, une morgue que ne comporte pas leur rang dans la société, des façons maussades qui inquiètent leur client, ce délicieux Piquenouille avait toujours le mot pour rire à leur servir. Oh ! des riens ! Ce n'était ni le La Rochefoucauld, ni l'Aurélien Scholl de son temps. Quelquefois un simple calembour, un à peu près comique qui soudainement déridait la victime, laquelle ne trouvait jamais le chemin assez long en si plaisante compagnie. Aussi faisait-il arrêter la voiture de temps en temps pour lui en coller une bien bonne dans le tuyau de l'oreille, une grivoiserie qui détournait, disons mieux, élevait le cours des idées du patient, même avant l'efficace pendaison. C'était une vraie partie de plaisir de s'aller faire attacher à une potence par ce jovial étalier. Il vous avait une façon de crier : « Coucou ! Ah ! le voilà ! » en enfonçant le bonnet de coton final par-dessus les oreilles de son pendu qui faisait gigoter celui-ci, de pure hilarité, pour cinq bonnes minutes pendant lesquelles il avait complètement oublié qu'il mourait dans l'ignominie et par un supplice très douloureux.

Mais, ce jour-là, cet excellent Piquenouille se surpassait en amabilité ; il faisait visiblement des frais, comme pour un consommateur de marque. C'est qu'ayant lui-même une belle-mère acariâtre dont il souffrait beaucoup, sans avoir le courage libérateur de la hacher en menus morceaux, il était plein d'une sympathique admiration pour Brisocuq.

Et la neige tombait toujours que Brisocuq était déjà debout sur l'estrade funeste, lieu de la dernière parade avant le spectacle définitif de l'éternité. Alors s'adressant au généreux Piquenouille :

— Ne permettrez-vous pas, mon ami, mon excellent bourreau, lui dit-il, que je demande, avant de mourir, à tous ces braves gens, de dire un *Salve Regina* pour le repos de mon âme ?

— Parbleu ! oui, répondit le paterne exécuteur. Ainsi mourrez-vous en odeur de sainteté.

— Ça le changera ! crièrent férocement les belles-mères.

Mais toute la foule, infiniment plus pieuse que de nos jours, s'était agenouillée déjà et le *Salve Regina* montait dans le ciel où d'invisibles cuisiniers continuaient à plumer des colombes.

— Êtes-vous prêt maintenant, mon gaillard ? demanda ensuite Piquenouille.

— Encore un instant et une faveur, mon excellent bourreau.

— Allons donc ! de grand cœur encore ! C'est l'heure de mon déjeuner, mais je m'en fiche. On commencera sans moi.

— N'y aurait-il pas, dans cette assistance d'élite, quelque naturel de Lamothe-Vessière, mon bourg natal ?

Un homme se détacha des groupes.

— Ah ! c'est toi, Bergace ? fit Brisocuq. Tu ne

t'embêtes pas? Fais-moi donc l'amitié de monter auprès de moi...

Bergace esquissa une grimace qui fit éclater de rire tout le populaire.

Mais Brisocuq continuant :

— C'est pour rapporter une dernière parole à mon père et à ma mère.

— Ça ne se refuse pas, monsieur Bergace! lui cria Piquenouille.

Et Bergace se rendit, en rechignant, à l'invitation.

— Mon vieil ami, lui dit à haute et intelligible voix Brisocuq, tu donneras à mes parents la bonne nouvelle que je meurs certainement pardonné de Dieu. Car il vient, dans sa toute-puissance, de me faire faire un miracle, sur cette terre, avant de m'envoler vers lui.

— Quel miracle? demanda Bergace.

— Je viens de faire chanter des cocus en hiver!

— Satané farceur! s'écria Piquenouille en se tordant, tout en coiffant son client du dernier serre-tête, pendant que la foule des maris et des belles-mères éclatait en imprécations.

Et d'invisibles cuisiniers continuaient à plumer des colombes dans la nue.

6.

# AMOURS AUSTÈRES

## AMOURS AUSTÈRES

### I

D'aucuns me reprochent, comme un goût commun, mon culte de la Vénus callipyge et de la femme dodue, culte auquel il m'est arrivé, je le confesse, de faire quelques infidélités. Mais je n'en demeure pas moins pour les sains appétits de ma jeunesse. Ils sont devenus un peu moins exclusifs et intolérants. Voilà tout. Et combien aisément je justifierais ma préférence pour la santé vigoureuse, — exubérante au besoin! — chez celles que nous aimons! D'abord les grosses dames sont généralement moins méchantes que les autres. Panurge donnait une fort malpropre raison de ne pas se fier aux femmes de petite taille. Je me garderai bien de la reproduire ici ; car j'en ai d'autres pour célébrer le module qui m'inspire une confiance plus grande. Je conviens qu'en matière de beauté c'est aux proportions qu'il faut s'attacher avant tout. Il n'en est pas moins vrai qu'une réduction, si parfaite qu'elle soit, de la Vénus de Milo, ou de celle de Vienne, laquelle est autrement charnelle, ne vous donne pas du tout l'impression de la nature elle-même, dans la majesté de ses dimensions. Il y a donc là un absolu dont on ne saurait complètement se dégager. « Sa bouche était à la mesure de la mienne », a dit délicieusement Rousseau, dans la *Nouvelle Héloïse*. J'ai souvent vu des hommes de ma taille rechercher les femmes mignonnes, et j'en ai toujours été choqué comme d'une chose cruelle et un peu monstrueuse.

La coupe d'Hébé et la croupe d'Aphrodite doivent être aussi à la mesure de notre main. Vivent les appas qu'on savoure autrement que par la pensée et par des efforts d'imagination ! Le mal que se donnent aujourd'hui les femmes pour cacher l'ombre même d'un aimable embonpoint est, de leur part, un acte féroce que je ne pardonnerai jamais aux spécialistes contemporains qui les encouragent. Il y en a là, parmi ces victimes d'une fausse élégance, qui, en gagnant des maux d'estomac, sont devenues, de plaisantes et joyeuses qu'elles étaient, aussi acariâtres et mélancoliques que si c'était la nature qui les eût faites ainsi ! Pour Dieu ! respectons un peu cette pauvre nature qui, sur chacun de nous, a ses intentions et nous modèle, dans son argile, suivant des caprices sacrés. Ah ! que les Orientaux sont plus sages dans leurs goûts feminins que nous ! Pourquoi ne suis-je que le tiers du pacha que j'aurais si bien mérité d'être si chacun était doté par la vie suivant sa vocation originelle ! J'aurais inventé, pour les délicieuses pensionnaires de mon harem, des farineux d'une exquisité inconnue, des sucreries d'une subjectivité indéniable. J'aurais institué des prix d'encouragement. Mon grand eunuque eût été surtout un grand cuisinier. Au moins aurait-il eu la consolation de tenir la queue de la poêle. Je vous vois d'ici, houris bien portantes qui eussiez charmé mon âge mûr, Aïssa, Fatma, Djamileh, aux corps polis comme des ivoires, paresseusement étendues tout le jour sur de moelleux coussins, dans l'haleine bleue des narguilés. Je vous aurais jeté, non pas des mouchoirs, moi, mais des pantalons, et celle qui eût fait craquer le sien eût obtenu mon plus bienveillant sourire. O rêve irréalisable aujourd'hui ! Je n'ai pas su profiter à temps des embarras politiques du Grand Turc pour me glisser à sa place. Ce n'est pas moi qui, comme souverain, aurais gêné ensuite l'équilibre européen. J'aurais eu mieux à faire. Pleurez, ombres inutilement évoquées de Fatma, d'Aïssa et de Djamileh ! Jamais vous n'aurez le bon maître que le Destin vous eût accordé en moi ! Inutiles sultanes d'un homme d'Etat qui se prend au sérieux, vous n'aurez jamais connu la prodigalité d'un poète. Vous auriez eu chacune votre volume de vers tous les ans. Il ne restait plus à Charpentier-Bey, mon éditeur, qu'à louer les caves de la Banque de France pour y déposer son immense fortune. Tout cela prouve qu'il y a beaucoup à chanter, dans vos copieuses personnes, ô favorites de mon rêve, Aïssa, Fatma, Djamileh !

II

Pour n'avoir pas eu, sur ce point, les mêmes doctrines inflexibles que moi, le vicomte Tristan des Andives était entré par une porte d'airain dans la vie conjugale. Je n'entends pas dire que ce fût lui qui en tînt le marteau. Bébêtement, par de simples considérations de famille, il avait épousé, jeune, la noble damoiselle Antoinette de Saint-Fétu, d'aussi bonne noblesse que lui, de fortune au moins égale et dont on réputait, dans le monde où Pailleron s'ennuie, la taille svelte comme un modèle d'élégance. Le fait est que sa taille eût tenu entre les mains d'un enfant de dix ans, ce qui eût d'ailleurs été, pour ce jeune homme, une occupation précoce jusqu'à l'inconvenance. Quand il ventait, — pas l'enfant de dix ans, mais dans la nature, — on avait vraiment peur que ce roseau se brisât, et l'idée de mettre un tuteur à cette haute tige venait tout naturellement à l'esprit. Le reste était à l'avenant. Un bruit lointain, perceptible à peine, de castagnettes, scandait ses moindres mouvements.

Tout était cassure dans ceux-ci. Cette aérienne personne s'asseyait sur une illusion. Ah! pauvre Tristan des Andives, quel néant de surprises te gardait le déshabillé de ta première nuit d'ivresse! En homme bien chic, le vicomte ne poussa ni un hi! ni un oh! ni un ah! Il se résigna et, comme c'était un homme de principes, il se dit qu'il n'y aurait que plus de mérite à ne pas tromper si peu de femme que ça !

Et, de fait, il s'enferma dans une fidélité méritoire, se contentant de loucher un peu quand, dans les soirées où il fréquentait, de belles épaules à la nacre bien remplie étincelaient aux rebords d'un fauteuil, ou bien quand la main des valseurs s'appuyait sur une rampe bien rembourrée. Mais ce n'était qu'un éclair dans sa nuit accoutumée, une tentation rapide dont il était le saint Antoine victorieux, bien qu'il fût seul à en supporter le poids, la mode de conduire en laisse des cochons au bal ne s'étant pas encore installée dans notre civilisation retardataire.

Pour soutenir cette lutte contre la chair, notre vicomte avait eu d'ailleurs recours au même artifice que le grand saint que je viens de nommer. Il s'était également jeté dans une dévotion extrême, se complaisant à lire, dans les livres de piété, que l'amour charnel est une billevesée coupable, que les plaisirs des sens sont une méprisable occupation, que tout est néant dans la joie inconvenante des amoureux. Je t'en fiche, mon bonhomme! Ainsi, dans un océan de componction, d'ascétisme et de mystagogie, plongeait-il, jusqu'à les noyer, les légitimes désirs où se consumaient ses sèves inoccupées. La douce Antoinette, d'une mondanité infiniment plus pratique, n'eût pas demandé mieux que de le tirer de son tombeau volontaire. Mais il lui manquait pour cela ce qui fait relever Lazare de son linceul.

### III

Comme il convient à des époux chrétiens, fort inutilement d'ailleurs, comme je viens de l'insinuer, monsieur le vicomte et madame la vicomtesse des Andives partageaient la même couche. Antoinette dormait ou faisait semblant de dormir, par contenance, et Tristan, ou bien dormait pour de bon, quand il s'était fatigué à la chasse (ô chasse, immortelle et chaste ressource des Hippolytes!) ou bien occupait son insomnie à de dévotes pratiques, dont la plus ordinaire était de dire son chapelet. Il y mettait une ferveur vraiment extraordinaire, laissant tomber les *Ave*, un à un, de ses lèvres, en même temps que les grains de ses doigts, insistant comme il convient, au gros grain qui sépare les dizaines, par un *Gloria Patri*, ne manquant surtout jamais de baiser longuement la médaille qui était au bout de ce saint collier, ovale avec une image de la Vierge dessus.

Or, cette nuit-là, ne voilà-t-il pas qu'au moment de dire cette patenôtre, le vicomte ne trouva pas son chapelet, bien qu'il fût certain de l'avoir mis sous son oreiller en se couchant. Sans doute avait-il glissé dans le lit. Moi, je crois tout bonnement que la douce Antoinette l'avait chipé, espérant que le désœuvrement conduirait son mari à une pointe de galanterie en sa faveur. C'était mal connaître notre obstiné Tristan. Toute sa galanterie, au lieu de se tourner en pointe, s'employa à ne pas faire, sous les draps et sous les couvertures, des recherches qui eussent pu troubler le faux sommeil de madame la vicomtesse. Il n'en était pas moins très ennuyé et très troublé dans ses habitudes, de ne pouvoir, faute de l'engin indispensable, faire sa dévotion accoutumée.

C'est alors que lui vint une pensée qui lui parut, tout d'abord, inspirée de Dieu lui-même.

Antoinette était si maigre que les vertèbres de son épine dorsale faisaient une petite chaîne montueuse, bien comparable à un chapelet à très gros grains. On était en été précisément, et sa chemise fort légère permettait de les compter à merveille sur son dos tourné. Combien ça lui donnerait-il d'*Ave Maria?* Le vicomte n'était pas assez fort en anatomie pour le calculer immédiatement. Il se dit que tout cela était, au fond, conventionnel et que, s'il en manquait quelqu'un au total ordinaire, ni la Vierge ni Dieu ne lui en voudraient, eu égard à la bonne volonté qu'il avait montrée.

Donc, tout doucement, assez doucement pour que l'insensible frôlement de ses doigts ne réveillât pas sa femme, il commença sous la nuque, à la première vertèbre, et continua en descendant, disant de chic un *Gloria Patri,* quand il pensait en avoir défilé une dizaine. Et poursuivit-il cette pieuse besogne, marmottant ses prières si bas, qu'on eût dit à peine le bourdonnement d'une petite mouche.

Et madame la vicomtesse des Andives ne bougeait toujours pas. Gageons que, si elle ne dormait pas, en effet, ce semblant de caresse, qui ne lui était pourtant pas destiné, ne lui était en rien désagréable. Ceux à qui on est accoutumé de ne rien donner finissent par se contenter de bien peu.

Et le vicomte, toujours enchanté de son idée, poursuivait sa précieuse tâche. Il n'était pas loin, morbleu! de ce fameux coccys qui termine la théorie de nos osselets. Il l'atteignit enfin et en fit la cause déterminante de son dernier *Gloria Patri*.

Un silence.

— Mon ami, lui dit une voix très douce et très ferme en même temps, celle de madame son épouse, vous oubliez de baiser la médaille.

# LE SECRET D'EUSÈBE

## LE SECRET D'EUSÈBE

### I

En son fort coquet cabinet de consultations, le docteur Musaraigne attendait la clientèle aux heures déterminées par l'élégante plaque posée à sa porte. Tous les gens qui montaient l'escalier auraient pu savoir que de une heure à trois heures il guérissait tous les maux de l'humanité. Mais les locataires voisins recevaient-ils peu de visites? Toujours est-il que l'humanité ambiante mettait fort peu d'empressement à faire guérir tous ses maux par le docteur

Musaraigne, de une heure à trois heures inclusivement. Quant à être demandé au dehors, cela lui arrivait juste quand un accident avait lieu dans la rue et il s'agissait invariablement d'un pauvre diable qui ne pouvait lui donner un sou. Allez donc épouser, avec de si précaires ressources, la jolie Artémise Bouchencœur, fille du célèbre praticien Bouchencœur qui ne voulait, pour gendre, qu'un jeune prince de la science ou un jeune médecin à la mode! Musaraigne, qui était consciencieusement amoureux d'Artémise et qui, modestement, lui croyait les meilleures intentions à son égard, était tout à fait malheureux de remplir aussi mal le programme de l'homme éminent qu'il souhaitait pour beau-père. Avec quelle joie il eût répandu dans le quartier des épidémies pour que les malades affluassent! Mais les microbes n'ont pas encore appris à obéir aux médecins, même quand ceux-ci les invitent à quitter la place. Ces molécules vivantes sont ce que je connais, au monde, de plus indépendant comme caractère. Elles donnent aux hommes, outre de mortelles coliques, une continuelle leçon de dignité.

En cette solitude peu lucrative, le docteur Musaraigne se morfondait, tout en abandonnant son esprit aux plus véhémentes rêveries, tandis que la fumée de sa cigarette montait en spirales bleues entre ses doigts. Il fallait absolument qu'il trouvât à faire parler de lui. Une communication importante à l'Académie de médecine était urgente ou bien quelque guérison miraculeuse qui fît grand bruit dans Landerneau. Il avait le choix, mais rien sous la main pour choisir. Tout le monde demande à maigrir aujourd'hui. Ah ! comme les moines dodus qui faisaient la gaieté corpulente des prébendes ont eu bien raison de quitter notre ingrat pays ! Les femmes, elles-mêmes, s'en mêlent. C'est une horreur. Jamais Paris n'a été plus loin de Constantinople et notre civilisation imbécile de la sagesse des Orientaux. Mais que ferez-vous de vos mains, maris trop faibles qui cédez au caprice de sveltesse de vos femmes? Demandez plutôt à Dieu et à la science de devenir manchots. Au moins, les célibataires n'y perdront rien, ces bons et dignes célibataires qui n'ont aucune raison de priver de nourriture des personnes dont ils ne paient pas l'entretien ! Si Musaraigne avait pu trouver une façon d'amincir la taille à l'un et à l'autre sexe, sans le priver de boire, ce qui est un supplice, sa fortune était faite, et mademoiselle Artémise Bouchencœur était à lui. Il y a bien aussi le chagrin qui maigrit. Mais quelle occupation absorbante pour un médecin de chercher chaque jour un nouveau sujet d'ennui à son client ! Quant aux purgatifs répétés, c'est une vieille méthode abandonnée aujourd'hui et très préjudiciable à l'agriculture qu'elle encombre de produits incomplets.

Ah ! Musaraigne était un homme furieusement perplexe, quand il arriva une chose vraiment extraordinaire. C'est que, entre une heure et trois heures précisément, un coup de sonnette le tira de sa méditation. Une consultation ! la première peut-être ! Si invraisemblable que fût l'hypothèse, il jeta sa cigarette, donna un lissé sérieux au devant de sa chemise, prit l'air compassé d'un singe à qui on va donner un lavement et attendit.

Un inconnu entra, la figure assez agréable, mais dont l'abdomen était proéminent à faire frémir, comme si le malheureux eût, par mégarde, pris une citrouille pour ceinture de flanelle. A cela près, je le répète, une bonne binette souriante à travers un grand embarras, quelque chose de juvénile et de rougissant qui prévenait immédiatement en sa faveur.

— Docteur, fit-il d'une voix doucement aiguë comme un accent de flûte, je me nomme Eusèbe Pétonnet et j'ai à confier un grand secret à votre honneur.

— Vous pouvez parler en toute confiance, monsieur, fit l'éminent praticien; un médecin est un confesseur.

C'est une chose que les médecins ne manquent jamais de dire, notamment aux personnes qui détiennent ces maladies surnommées secrètes, sans doute parce que, au temps de François I$^{er}$ du moins, leur moindre symptôme était de vous faire tomber les oreilles et le nez, ce qui ne se voit pas.

Et, s'étant assis confortablement, ayant d'ailleurs posé son ventre monstrueux sur ses genoux, ledit Eusèbe Pétonnet commença comme il suit et poursuivit de même :

## II

— Je m'allais marier et épouser une jeune fille que j'aimais...

— Vous aviez de la chance ! interrompit le pauvre Musaraigne.

— Je me suis même marié avec cette jeune personne qui me convenait de tous points. Elle s'appelle Antoinette Férapiou et ses parents lui laisseront, à Gennevilliers, une maison dans le meilleur air de la banlieue. Le jour du mariage était même arrivé, et nous étions, ma fiancée et moi, à la mairie, flanqués de nos témoins et, par derrière, deux familles ridiculement habillées. C'était par une de ces premières journées de chaleur qui firent de l'avril de cette année un véritable août. Quelle journée, docteur, que celle-là ! Il faisait dans la salle étroite de la maison communale, affectée aux justes noces, une température à fondre des diamants et des cœurs d'huissiers. Les armatures de fer des lunettes en rougissaient sur le nez de leurs propriétaires. Mon beau-père, le vénérable Férapiou, qui avait laissé ses pieds sur une grille, se mit, tout d'un coup, à sentir la Sainte-Menehould de façon à incommoder tous ses voisins, et mon garçon d'honneur, ce bélître de Béjard qui avait bu trop de bière, dut sortir précipitamment, le liquide s'étant mis, soudain, à bouillir dans sa vessie avec un vacarme insupportable de glouglous. Au dehors, un ciel d'ardoise, sombre, chargé de colères et que traversaient de larges éclairs à l'horizon, avec un claquement de déchirure lointaine, comme si l'étoffe du firmament se fendait pour montrer cette doublure de feu. L'orage n'avait pas encore éclaté, mais il était imminent, dans l'air embrasé, dans l'ombre envahissante, dans l'angoisse nerveuse de tous. Au moment où M. le maire allait poser les questions sacramentelles, une lueur terrible passa dans tous les yeux, une commotion épouvantable secoua toutes les poitrines. Un cri d'effroi s'étouffa dans toutes les gorges, l'assourdissement d'un vacarme inouï engourdit toutes les oreilles. Et puis ce fut tout... Un peu de fumée cependant, montant des gazons incendiés du square voisin. Car la foudre était tombée là, enveloppant de son électricité mystérieuse le monument et ses hôtes, sans blesser cependant personne et en laissant seulement une traînée de rouille au mur. « Eusèbe Pétonnet, me dit M. le maire quand l'émotion générale fut un peu calmée, tout en remettant son écharpe qu'un furieux coup de vent avait emportée, prenez-vous pour légitime épouse la demoiselle Antoinette Férapiou? » Le *oui* que je répondis fit tressauter tout le monde. On eût dit un formidable chant de serin, le *couic* aigu qui monte des cages, dans les baldaquins de mouron. — « Je me suis terriblement enrhumé! » pensai-je en moi-même. En revanche, le *oui* de ma future, qui avait ordinairement la voix très douce, *péta* comme un coup de canon. — « Au nom de la loi je vous unis! » fit solennellement M. le maire.

Ah! docteur! ce qui se passa ensuite, dans le mystérieux tête-à-tête de la première nuit!

— Quoi donc? demanda impatiemment Musaraigne.

— Mon Dieu! j'aurais tort de me plaindre. Car les choses allèrent pour le mieux, à cela près que, ma fiancée et moi, nous avions changé de rôles. Ce maudit coup de tonnerre...

— Comment! ce n'est pas une fable!

— Vous en voyez la preuve, docteur. J'ajouterai qu'au commencement cela ne nous inquiéta pas beaucoup; nous en riions même, entre nous deux, comme des bossus, personne de nous n'y perdant rien et notre amour demeurant intact sans que personne pût trouver à redire à sa pratique parfaitement légale. Nous étions même particulièrement heureux. Ma femme montait à cheval, pendant le jour, et moi, le soir, je faisais de la tapisserie ou du crochet. C'est très amusant. Le monde ne se doutait absolument de rien... Seulement...

— Oui... seulement... quoi?

— C'est à moi qu'advint la situation dite intéressante. Ce ne fut pas très visible d'abord et je pus, comme par le passé, aller à mon bureau, sans m'attirer les quolibets de mes camarades. Maintenant, au bout de sept mois, ce n'est plus possible. On blague affreusement mon embonpoint, sans en deviner heureusement la cause. On a vu, mon Dieu! des gens aussi ventrus que moi. Mais voilà que je me mets à avoir du lait maintenant! Je répands autour de moi une odeur de crèmerie qui fait renifler mes camarades avec une malveillance marquée. Et puis enfin, dans deux mois, il faudra bien que je demande un congé.

— Jeune homme, fit sentencieusement Musaraigne, vous avez eu une fière idée de vous confier à moi. Votre accouchement ne vous coûtera rien.

— C'est trop de bonté, docteur, et ce n'est pas en vain qu'on m'avait vanté le désintéressement des médecins ; je ne suis donc pas surpris.

— Seulement, — car moi aussi, j'ai un seulement, — vous allez vous faire photographier dans les différents états de votre grossesse et attester l'exactitude de vos photographies par une signature légalisée, pouvant faire foi devant l'Académie de médecine. Puis, quinze jours après votre délivrance, vous vous ferez photographier à nouveau, avec les mêmes attestations authentiques. Le tout me sera remis et figurera au mémoire que j'adresserai à l'Académie et qui aura pour titre : *Guérison de l'obésité, en quinze jours, par le traitement du docteur Musaraigne.*

— Entendu ! fit Eusèbe.

Et voilà comment, dans les premiers mois de l'année prochaine, Musaraigne sera célèbre et épousera la charmante Artémise Bouchencœur ; c'est ainsi que, chaque jour, la science s'enrichit de découvertes nouvelles.

# LE PETIT SAINT ANTOINE

## LE PETIT SAINT ANTOINE

I

— Oui, mes chers convives, il résulte des dernières recherches du savant docteur Mac-Ekett, corroborées par celles du non moins savant docteur Pett-Marlow, que l'anguille recèle un venin auquel Mithridate lui-même n'eût pu s'habituer sans contracter une violente maladie d'estomac et que cette couleuvre aquatique ne le cède en rien à la vipère pour la confection des poisons.

Ainsi parla l'ingénieux amphitryon Aristide Lamole, cependant que toutes les fourchettes demeuraient suspendues, comme des points d'interrogation, au-dessus d'une excellente matelote.

— Quelle horreur ! s'écria la jolie madame Pétrouminel en portant son mouchoir de batiste à ses lèvres doucement luisantes.

— Vous me la baillez bonne, Lamole, répliqua le commandant Pistouille en achevant intrépidement la bouchée commencée. Depuis le temps qu'on mange des anguilles, on s'en serait foutre bien aperçu ! Il y a longtemps que Melun, par exemple, serait dépeuplé et qu'il n'y resterait plus que les fonctionnaires inutiles, le préfet et le trésorier général. Vos savants docteurs Mac-Ekett et Pett-Marlow sont de simples mystificateurs. Ce sont vraisemblablement des agents de la Ligue contre la licence qui ont remarqué que les dames ne mangeaient jamais d'anguille sans faire quelque grosse plaisanterie. Voulez-vous m'en redonner un ou deux tronçons ? Un peu de sauce maintenant ? A votre santé, madame Pétrouminel !

Et l'excellent militaire s'enfonça le poison plus avant dans le corps en précipitant un verre de bourgogne par-dessus.

Un autre des invités du précieux Aristide Lamole persévérait aussi dans la tâche commencée. C'était le docteur Mouillard, un silencieux doué d'un excellent appétit. Le commandant le montra torchant son assiette à madame Pétrouminel.

— Voilà qui doit vous rassurer, madame. La Faculté mange de l'anguille.

— Alors, reprit l'amphitryon obstiné, vous ne

croyez pas, Mouillard, aux expériences de vos savants confrères anglais et américain Mac-Ekett et Pett-Marlow?

— Si parfaitement, mon cher hôte. Les anciens eux-mêmes ont connu les méchantes propriétés du sang d'anguille vivante. Mais la cuisson en détruit les microbes foudroyants. D'ailleurs on peut manger impunément des animaux dont la morsure est mortelle.

— Par exemple !

— Un estomac sans lésion supporte à merveille ces aliments dont la dent seule était redoutable, et je vais vous en donner une preuve en vous racontant un fait dont j'ai été presque témoin.

## II

C'était dans mon pays berrichon, sur les bords de cette admirable Creuse qui met un ruban d'argent dans le paysage, frissonnante toujours sous les bonds des truites qui se détendent, à la surface, comme des arcs, ici tumultueuse comme un torrent, là se recueillant en de belles nappes vertes qui semblent de l'émeraude fondue, festonnée d'écume blanche aux caprices de dentelles, coulant entre deux grands rideaux de peupliers qui semblent se refermer quelquefois sur son lit comme pour les mystérieuses amours de quelque dieu. Oncques, même dans le pays pyrénéen, ne saurait-on citer une plus limpide rivière. Il la faut voir surtout au pied des héroïques ruines de Crozant dont les assises de granit descendent jusqu'à ses bords, limant dans l'eau claire des pierres que les lierres ont déchiquetées. En lacet, on suit le cours de la Creuse sur de larges pierres luisantes où les vipères dorment au soleil, n'attaquant d'ailleurs jamais les promeneurs, mais sifflantes et meurtrières quand le pied imprudent les touche. Elles semblent, immobiles, des anneaux de bronze brisés, les restes d'une parure antique, des bracelets ou des colliers tombés des cous et des bras de celles qui les ont autrefois portés. Tout autour, c'est un recueillement indicible dans l'encaissement des roches dont le vent ne caresse que les sommets, dans cette route naturelle et tortueuse où de grandes herbes sauvages remplissent de parfums tièdes l'air raréfié et vibrant. Des martins-pêcheurs y passent, lumineux comme des pierreries, et des papillons aux ailes de soufre s'y posent sur de grands iris.

Dans le voisinage de ce site merveilleux vivait, il y a quelques années, — et rien ne m'assure qu'il soit mort, — un brave garçon du nom de Narcisse Loupet, ayant les goûts les plus idylliques du monde. Car il n'aimait vraiment que sa maîtresse Mariette et son cochon Achille. Inutile d'ajouter qu'il les aimait différemment. D'abord il avait son cochon tant qu'il voulait, tandis que Mariette ne le pouvait venir voir que rarement. Le premier lui était une sempiternelle compagnie, tandis que la seconde embellissait seulement quelques heures de sa bucolique vie.

Mariette était exquisement svelte et Achille était

porteur d'un embonpoint inutile, mais appétissant. Mariette était brune comme une airelle et Achille blond comme un champ de blé. Un plus long parallèle friserait l'inconvenance. Celle-ci était charmante de tous points, et celui-là naïvement grotesque. Ajoutez que, par un soir d'hiver où il était demeuré trop tard sous une châtaigneraie, un loup l'avait privé, d'un coup de dent, de l'appendice caudal en tire-bouchon dont les mouvements comiques étaient la seule distraction du bon saint Antoine. Par exemple, Achille était bon garçon. Ses grognements musicaux n'exprimaient jamais que les sentiments affectueux de son âme. Si nous voulions renoncer à manger les cochons, ce qui les met en méfiance contre nous, nous aurions là une société amusante et poète.

La preuve en est le plaisir qu'avait notre Narcisse Loupet à promener, en compagnie d'Achille, dans les bois et au bord de la rivière, la mélancolie que lui inspirait trop souvent l'absence de Mariette qui ne le pouvait voir qu'en cachette, en fille bien élevée qu'elle était, comme je l'ai dit plus haut. L'homme et le cochon, fraternellement, suivaient la sente qui borde l'eau claire, Narcisse exhalant ses soupirs et Achille reniflant l'herbe où quelques glands avaient roulé, donnant, l'un et l'autre, le tableau d'une innocente vie. Achille était cependant plus heureux que Narcisse parce qu'il n'était pas amoureux. La dent du loup avait-elle fait coup double? Toujours est-il qu'il semblait indifférent comme tout aux abîmes de la passion. Ne jamais se retourner, mes enfants, quand un loup vous happe au derrière. Il devait à cette atonie du sens demeuré uniquement urinaire une douceur de caractère étrange et un grand fonds de philosophie. Contrairement aux hommes qui voudraient interdire aux autres ce qu'ils ne peuvent plus ou n'ont jamais pu faire, il était indulgent aux folies de son maître et, quand par hasard la Mariette était auprès de lui, il s'en allait faire son banquet comestible de glandée un peu plus loin, sans regarder derrière lui comme Galatée, tortillant de son gros cul rose et bienveillant comme si c'était à lui qu'arrivait une bonne aubaine, dérobant ses larges oreilles comme pour ne pas entendre leurs propos d'amour et, qui sait? peut-être les redire inconsciemment à l'écho. Avez-vous eu beaucoup d'amis aussi discrets que celui-là dans la vie? C'était, au bon sens du sérail, un excellent muet.

### III

Or, ce matin-là, un beau matin tout parfumé de romarin et de sauge, tout frémissant de rosée et étincelant sous la caresse ensoleillée du ciel, un matin où les oiseaux chantaient plus encore que de coutume, — et n'en soyez pas surpris, — Mariette était venue rejoindre son ami dans sa promenade solitaire. Et c'était comme un poème de Virgile chantant sous la feuillée. Un si grand abandon venait, entre eux, de toute la contrainte passée! Sous le rideau tremblant des peupliers, salués par les

palmes d'argent effilées des saules, dans cette odeur
sauvage et douce ils marchaient lentement, appuyés
l'un sur l'autre, elle la tête sur son épaule et lui ramenant sa joue sur ses cheveux comme pour l'emprisonner dans son cou. Puis ils s'arrêtaient, ils
s'asseyaient sur quelque large pierre, et leurs
bouches se mêlaient en de longs baisers qui sentaient la verveine. Et vous pensez bien que ce n'é-
tait pas tout. Mais ils étaient gourmets de leur bonheur et ne le gaspillaient pas en de trop hâtives
caresses. Tout à l'heure seulement ils chercheraient,
parmi les ruines, un bon lit de mousse, dans un coin
bien ombreux, où ils oublieraient tout dans la même
extase infinie.

Et Achille, le gracieux Achille, que faisait-il
pendant ce temps-là ?

Achille s'était écarté, comme toujours, par bonne
éducation, et il s'ébattait, tout seul, dans le voisinage, chatouillant la terre de sa hure, bondissant
en rond quand une mouche le piquait, allant faire
un peu d'hydrothérapie dans la rivière. Car la mal-
propreté native du cochon est un mensonge de l'histoire naturelle familière, et pas un animal, au
monde, n'aime mieux l'eau que celui-là. Ah ! c'est
simple de l'accuser de se vautrer dans les fanges
quand on ne met aucune piscine à sa disposition !
Puis Achille s'étendait au soleil, pareil à une fleur
monstrueuse, à une orchidée géante. L'innocent !
Il ne se doutait pas qu'il était suivi, depuis une
heure, par un malfaiteur de la pire espèce, comme
on dit au tribunal, un mauvais rôdeur nommé Lavesse, homme sans feu ni lieu et ne vivant que de

rapines. Lavesse avait vu les amoureux opérer leur retraite vers un canapé de mousse verte, et il s'était mis dans la tête d'en profiter et d'enlever Achille, dans l'intention perfide de le vendre ensuite à un charcutier peu délicat. Jamais jambons vivants d'un honnête porc n'avaient couru un tel danger.

Or il advint une chose vraiment extraordinaire et providentielle, prouvant absolument ce que j'ai avancé. Toujours guetté par Lavesse, Achille, inconscient du péril, venait, en reniflant gloutonnement un terrain qui sentait la truffe, d'engloutir, la queue en avant, une vipère qui dormait là sur la terre grise. La digestion est si rapide et si rudimentaire chez le cochon, que trois secondes après peut-être, la vipère, toujours vivante, lui sortait par l'autre côté, toujours la queue en avant et la tortillant d'une façon désespérée, la tête seule, un peu plus grosse et plate, demeurant engagée dans le mauvais œil du cochon. Mon Lavesse, qui n'avait pas connu l'histoire du loup, crut que c'était la propre queue du benoît Achille qui tirebouchonnait ainsi, comme les cochons ont coutume de faire quand ils sont joyeux. Sachant que, par cet appendice solide dans sa petitesse, on peut emmener un porc où l'on veut, il saisit à deux mains l'objet frémissant et tira violemment dessus. Paf! Il tombait immédiatement et lourdement sur le dos, ayant tout simplement dégagé la tête de la vipère.

Celle-ci le mordit au poignet et il en mourut sur l'heure, tandis qu'Achille continua de se porter comme un charme.

J'espère que cela prouve suffisamment ce que je vous ai dit.

— Et Narcisse et la Mariette? demanda la jolie madame Pétrouminel.

— Je n'ai pas ouï dire que rien leur soit arrivé de semblable, répondit simplement le docteur Mouillard.

# ABÉLARD

# ABÉLARD

*A Gœtschy.*

## I

Il y avait longtemps que mesdemoiselles Jenny et Madeleine Minaret, la première ayant seize ans et la seconde sept, tourmentaient monsieur leur père et madame leur mère pour avoir un petit chat, quand M. Minaret, qui ne savait rien refuser à ces demoiselles, apporta à la maison un délicieux petit angora ayant deux mois environ, sevré à peine et que lui avait donné, pour ses filles, l'excellente douairière Auvent. Cet intéressant petit animal avait déjà une histoire. On le donnait pour le séparer d'un frère méchant qui lui administrait des piles dès le panier maternel, et que, pour ce fait, on avait baptisé Caïn. L'excellente douairière Auvent avait simplement demandé qu'on conservât au petit exilé son nom d'Abel qu'elle trouvait charmant et qui rappelait ses premières épreuves dans la vie. M. Minaret l'avait solennellement promis. Mademoiselle Jenny trouvait Pompon plus joli, et mademoiselle Madeleine voulait le nommer Mounouche, comme le chat de mon ami Roybet. Mais M. Minaret soutint les droits de la parole jurée et le délicieux petit angora continua de s'appeler Abel comme par le passé.

Une diversion à ce sujet. J'ai toujours remarqué que la manie qu'ont beaucoup de parents, et qui est bien plus répandue en Russie qu'en France, de donner à leurs enfants, dans l'intimité, des sobriquets diminutifs, entraînait souvent des ferments de haine entre ceux-ci. Le premier crime en est vraisemblablement né. Caïn, que sa maman appelait affectueusement Caca, sans aucun doute, pouvait-il pardonner à Abel, qu'on appelait Bebel certainement, ce qui est assurément plus harmonieux et joli?

Mais je reviens au minet de Jenny et de Madeleine. Une boule soyeuse au repos, se détendant comme un élastique pour les jeux, deux yeux d'un bleu indécis encore et à peine constellé. Car les chats sont, quant aux yeux, comme la nuit qui les rend tous gris, et qui, dans ses premières heures, n'a que peu d'étoiles. Un délicieux petit nez rose pareil à un pétale de fleur, toujours frissonnant et dont de précoces moustaches s'élançaient comme des flèches plantées dans une cible. Un petit air comique de sphinx, des gants et des bas gris clair traversés de zébrures noires. Une fourrure changeante et phosphorescente dans la gamme des gris les plus délicats. Un amour de bête, quoi ! et qui vous arrachait déjà les rideaux, comme un amoureux, et qui exécutait, dans tous les sens, les plus infernales galipettes. Un clown plein de fantaisie et le meilleur enfant de chat que jamais jeunes filles aient possédé.

Aussi il fallait voir la place qu'Abel prit immédiatement dans la maison. On le laissait monter sur la table à l'heure du repas et on oubliait de manger pour le regarder fourrer sa patte dans le goulot de la carafe, comme pour la nettoyer, lever sa queue au-dessus du moutardier inquiet, jouer au cochonnet avec des grains de raisin. Jenny en devenait gâteuse avant l'âge et Madeleine précocement imbécile. Monsieur et madame Minaret partageaient l'enthousiasme de leurs enfants. Abel était un chat de génie. Abel faisait des raisonnements, de petits raisonnements de chat qui eussent épouvanté Descartes. Et M. Minaret, qui était cependant libre penseur, se laissait aller à dire : « On a tort de plaisanter les Egyptiens parce qu'ils traitaient les chats comme des dieux domestiques et leur élevaient de petits temples dans leurs maisons. Il y a des moments où j'ai envie de m'agenouiller devant Abel et de le prier comme un génie surnaturel. On me dirait qu'il a créé autrefois le ciel et la terre qu'on ne me surprendrait pas autrement. Souvent son œil de derrière m'a paru interrogateur comme celui de ma conscience, au jour du jugement dernier. Il a une façon de vous regarder ! »

Et madame Minaret, une personne douée d'infiniment peu d'imagination, blaguait son mari. Ce qu'elle admirait surtout dans Abel, c'était sa fidélité au plat de cendre disposé exprès pour lui, dans le couloir. A cet âge si tendre, Abel était déjà maniaque comme un vieux et il serait entré vivant dans un civet, ce qui est une dure extrémité pour un chat, plutôt que de déposer ailleurs que dans cette urne ses bulletins de vote quotidiens. Qu'il eût deux, trois ou quatre éditions par jour, il les réservait scrupuleusement à ce muet lecteur de faïence paisible dans sa lecture comme un ancien abonné du *Constitutionnel*.

Abel avait donc amené une grande joie, un continuel élément de bonheur dans la maison.

## II

Il arrivait cependant que monsieur et madame Minaret regardaient quelquefois, avec une indicible mélancolie dans les yeux, Abel qui grandissait à vue d'œil. Tel Abraham devait regarder Isaac avant le sacrifice. Et puis ils causaient à voix basse, de façon que mesdemoiselles leurs filles n'entendissent pas. « Il faudra bien s'y décider, concluait

M. Minaret. — Moi, je trouve ça immoral, répondait madame. On a le droit de tuer les animaux, mais ça, non ! On devrait, au moins, leur donner le choix. — Nous ne pouvons pas cependant exposer les yeux de deux jeunes filles à des spectacles révoltants sur les toits. Abel cherche déjà à s'échapper pour courir le guilledou. Mais c'est pour lui, ce que je vous en dis. Il se fera pincer et manger en gibelotte. — Quelle horreur ! — Et puis je vous assure, madame Minaret, que son pipi ne sent déjà plus que vaguement la fleur d'oranger. — Eh bien, ce n'est toujours pas moi qui assisterai à cette boucherie ! — Ni moi non plus. — Et puis, à qui demander cet humiliant service ? — Il y a des gens qui portent des chapeaux de toile cirée et dont c'est l'état. — Les bourreaux ! — Le premier qui passera, nous l'appellerons par la fenêtre. Seulement il ne faudra pas nous tromper et appeler à la place un décrotteur. — Mais comment dire à ces enfants qui entendront crier leur chat bien-aimé ? — Nous leur dirons qu'on vaccine les chats comme les personnes, et qu'Abel est en âge d'être vacciné. Nous ajouterons, s'il le faut, qu'il y a une épidémie de petite vérole sur les chats, bien que ce ne soit pas celle-là qu'on guérit avec ce genre de vaccin !
— Taisez-vous, monstre ! Je parie que le pauvre animal demeurera triste toute sa vie ! — Au contraire, madame Minaret, il sera gai comme un gaillard qu'on allège d'un fardeau. Il engraissera comme un petit moine. Il sera gourmand comme un cent de curés. Il n'aura plus que nous à aimer sur la terre ! — Après une telle mistoufle, il aura

bien de la bonté. Et ça ne le rendra pas bête ? — Au contraire, son intelligence se portera sur les choses élevées. Le génie a toujours été aux chastes, Pascal, Boileau... il n'y a même eu que les chastes qui ont eu vraiment du talent. L'Académie française est composée de chastes ! — Vous ne me ferez pas accroire qu'Abel y sera nommé, n'est-ce pas ? — Non ! mais je connais beaucoup d'écrivains qui ont fait un sacrifice tout pareil pour y être admis. Les fauteuils de l'Académie sont à roulettes et c'est le moment de ne pas se tromper de lettre au milieu du mot... Tenez, Zola... — Pas de parallèles injurieux. Abel est infiniment plus joli que Zola. — Mais vous conviendrez avec moi qu'il n'a pas écrit l'*Assommoir* ni la *Terre*, œuvres de génie, mais non de chasteté... — Enfin, vous le voulez ! Mais c'est vous qui appellerez le tondeur par la fenêtre, monsieur Minaret. Moi, je n'en aurais jamais le courage. — Je ferai mon devoir jusqu'au bout, madame Minaret. Il s'agit de la vertu de nos filles. — Tenez ! vous me faites hausser les épaules. Comme si la vertu des femmes tenait à une histoire de chat ! — Très souvent, madame Minaret, très souvent ! »

On peut juger, par cette petite conversation, qu'Abel était condamné.

### III

Et l'homme sinistre, le morne cueilleur de noisettes vivantes, le rabbin laïque, celui que désignaient, sans doute, nos pères sous le nom de coupeurs de bourses, entendit un « psst ! psst ! » à une fenêtre. Comme il était prétentieux, il crut d'abord à une bonne fortune ; mais l'angoisse peinte sur le visage de M. Minaret faisant des signes à cette croisée l'avertit qu'il s'agissait simplement d'une bonne affaire. « Ne pourrait-on l'hypnotiser ? demanda madame Minaret, pour lui éviter la douleur ? — Inutile, fit philosophiquement le bourreau. Depuis le temps, ils y sont habitués. Une seconde et ce sera fait. » L'innocent Abel, qui était en train justement de faire une partie avec sa queue, fut amené. Puis monsieur et madame Minaret, plus troublés que des malfaiteurs, se retirèrent, en se bouchant les oreilles. Bien leur en prit. Car Jenny et Madeleine faillirent se trouver mal en entendant le cri aigu que poussa l'opéré. « Comment faut-il soigner ça ? demanda madame Minaret à l'oreille du tondeur. — Laissez ça tranquille et surtout n'y regardez pas, répondit celui-là avec l'autorité d'un médecin. Ça guérira tout seul. Dans huit jours, il n'y paraîtra plus. Mais surtout n'y touchez pas ! »

La vérité est qu'Abel reprit sa gaieté, cinq minutes après le départ de son persécuteur. « Il n'a vraiment pas de cœur, fit madame Minaret indignée. Et moi qui me faisais tant de bile pour lui ! — Le fait est que je prendrais moins bien la chose ! » dit à son tour M. Minaret. Le commandant Bistouille vint justement dîner ce jour-là. Quand les jeunes filles furent parties, on lui conta la mesure répressive qui avait été prise. Il approuva, étant de la fameuse Ligue, depuis qu'il n'était plus dans le service. Et quand Abel lui sauta sur les genoux, il lui dit avec une joie méchante : « Maintenant, mon gaillard, tu ne t'appelles plus Abel, mais Abélard. — Voilà une plaisanterie de bien mauvais goût ! » fit madame Minaret. Et le soir, quand le commandant Bistouille fut parti, elle dit à son mari : « Si cette soldatesque appelle une fois de plus Abel de ce nom malpropre, nous ne le recevrons plus. »

Cependant la prédiction de M. Minaret s'accomplissait de point en point. Abel, qu'on laissait se promener librement et même quelquefois sortir parce que sa vertu ne courait plus aucun danger, engraissait à vue d'œil. Il devenait énorme, monstrueux ; il avait une bedaine ! « Est-ce qu'ils sont tous comme ça dans le sérail ? demandait madame Minaret à son mari. — Décidément l'exercice est le seul remède contre l'obésité », répondait sentencieusement celui-ci. Et, objet de stupéfaction, puis d'inquiétude pour la sensible Jenny et pour l'impressionnable Madeleine, Abel continuait à s'amplifier ; il devenait une mappemonde à poil ; il ne marchait plus, il roulait. « Il faudra faire venir le vétérinaire demain, dit un soir madame Minaret. Cette bête finira par éclater. »

Or, le lendemain, dès l'aube, dans la corbeille où couchait Abel et qui était devenue trop étroite pour lui, gisait Abel dégonflé, entouré de petites bouches roses ouvertes et d'où sortaient d'imperceptibles miaulements. Abel était accouché. Abel était tout simplement une chatte. Cette excellente douairière Auvent est si myope ! Et puis quand ils sont comme ça, tout petits ! Jenny et Madeleine étaient à peine étonnées. Leur propre papa serait accouché, d'ailleurs, qu'elles n'en auraient pas été plus surprises. O chères innocentes !

Eh bien ! et le tondeur ? Un fumiste qui avait volé son salaire en pinçant tout simplement la queue d'Abel pour le faire crier, quelque ancien député qui avait pris l'habitude d'être payé pour ne rien faire.

# L'HOMME-CRAPAUD

## L'HOMME-CRAPAUD

### I

Oh! ne croyez pas à quelque monstre! J'ai horreur de la laideur et vous me rendrez cette justice de ne m'être jamais complu qu'à décrire la féminine beauté, source de toute joie et de toute admiration. Mes portraits d'hommes, je les ai toujours tracés en trois traits au plus, d'un crayon visiblement dégoûté. Celui de M. Birotte ne sera pas plus long que les précédents, ni plus complaisamment ouvragé. C'était un homme comme tous les autres, c'est-à-dire ridicule au physique. Un peu plus de ventre et un peu moins de cheveux peut-être que quelques-uns. Mais je n'en suis pas à ces nuances. A deux sous tout l'paquet! comme dit la chanson. Eh bien, croiriez-vous que madame Birotte, sa femme, avait le toupet d'être jalouse de ce coco-là! Ah! les femmes sont bien bonnes ou bien modestes de daigner être jalouses de nous! Nous ne sommes cependant pas une espèce rare, comme celles des merles blancs ou des cochers de fiacre pendant les Expositions. De plus, nous ne sommes pas cruels ni généralement bégueules. Elles sont donc sûres de ne pas chômer en dehors de leur ménage, si leur époux leur est infidèle. Alors, pourquoi tout ce tapage, et la belle nécessité de donner à de simples coups de canif la sonorité de coups de canon? Je vous le dis en vérité, mesdames, ce que vous dérobe un mari volage devrait être, le plus souvent, considéré par vous comme un débarras. Mais vous faites de cela une affaire d'amour-propre! C'est convenir par avance que le seul amour, le vrai, n'y est pour rien.

Non, madame Birotte, jamais vous ne me ferez accroire que ce fût si amusant de coucher avec votre Birotte de mari, que l'idée seule qu'une autre femme bénéficiait de cette gaieté empoisonnât sérieusement votre vie. Si ce malotru dédaignait vos sérieux avantages, votre minois de bourgeoise cossue éclairé par des yeux vifs et d'admirables dents, la résistance honorable de votre gorge, le sérieux appui-main que recouvraient vos jupes, il n'en fallait plaindre que lui. L'amour honnête est toujours plus ou moins une mésalliance de la part d'une femme de quelque beauté. Ceux qui en sont aussi convaincus que moi demeurent éternellement des timides. Mais aussi, quelle joie reconnaissante et profonde quand on daigne s'encanailler un peu en leur faveur et quand l'idole leur donne seulement à baiser le bout de ses doigts !

Oui, madame Birotte était jalouse, et, si une pareille chose pouvait être raisonnable, elle en avait assurément le droit. Tout Carcassonne, qu'habitait ce ménage, était au courant des débordements de Birotte. Toutes les demoiselles de magasin avaient reçu des déclarations de lui (les confiseuses surtout, parce qu'il était aussi gourmand que paillard), et, plus d'une fois, il avait été surpris dans l'admirable cité, occupé, avec des personnes d'un autre sexe, occupé à tout autre chose qu'aux expériences de balistique moyenageuse remises en honneur par Viollet-le-Duc. Au fait, une aventure galante ne saurait être que fort agréable dans ce splendide décor, à l'heure où la lune y grandit les ombres, argentant les crêtes et festonnant de lumière les arêtes des mâchicoulis.

Pendant une quinzaine d'années qu'il était marié déjà, il ne s'était pas passé une semaine que madame Birotte n'eût découvert dans ses poches quelque fleur compromettante, ou quelque billet injurieux pour elle. Et c'étaient des scènes alors ! Birotte était, au dedans, assez flatté, bien que cela devînt, par la fréquence, monotone. Sa dernière aventure avait particulièrement grossi le stock de ses méfaits par son importance. Carcassonne possédait encore une diligence où d'ailleurs presque personne ne montait plus, mais qui continuait machinalement son service. Notre Birotte en avait fait un cabinet particulier et, s'étant endormi, un jour, avec sa victime, dans le coupé délaissé, s'était trouvé transporté, en sa compagnie, à quelques lieues de là, sans en avoir conscience, pendant qu'une vingtaine de personnes qu'il avait invitées à déjeuner chez lui l'attendaient. Cette ridicule histoire lui avait donné à réfléchir. Il prenait de vagues résolutions de se tenir tranquille et de désarmer, par une réelle innocence, la surveillance terrible, incessante, dont il était l'objet chez lui. Car il ne pouvait plus sortir, faire un mouvement, achever un geste, ouvrir son parapluie ou le fermer, que sa femme ne crût à quelque rendez-vous donné par cette pantomime, à quelque complot amoureux. Ah! il les connaissait toutes! mais elle les connaissait maintenant aussi bien que lui et rien ne lui échappait. C'était vraiment à renoncer au métier.

II

Or, c'était, ce jour-là, la fête de madame Birotte. Son mari avait très galamment profité de cet anniversaire pour lui faire part de ses bonnes et définitives résolutions. Il y avait mis un tel accent de sincérité et une telle chaleur convaincue qu'elle l'avait presque cru. Et, très naïvement, elle en était heureuse éperdument... C'était comme si on avait retrouvé dans un tiroir un rayon égaré de lune de miel. On passerait toute la journée ensemble. On s'offrirait un bon petit dîner et, le soir, on irait au Grand-Théâtre de Carcassonne où une troupe parisienne en tournée, composée de tout ce que nos grands théâtres lutéciens ont de mieux, donnait une unique représentation. On parlait d'une fort jolie comédienne et tout à fait vertueuse qui y tenait le principal rôle. Cette dernière considération avait décidé madame Birotte à accepter l'offre de son mari. La belle Antonia avait la renommée d'un dragon et les godelureaux de province n'en parlaient qu'avec un respectueux dépit. Elle acceptait, comme une autre, les soupers à la sous-préfecture, après une soirée de bienfaisance, mais toujours en tout bien tout honneur et jamais sensible même aux sonnets des receveurs de l'enregistrement, qui sont volontiers poètes. Dire que la belle Antonia ne mettait aucune affectation à cette vertu eût été exagéré. Elle y mettait même de la coquetterie, n'étant pas fâchée quand elle pouvait donner publiquement une leçon à quelque inpertinent.

On jouait, ce soir-là, une pièce du répertoire du Gymnase, — car le Gymnase a un répertoire encore entre Montargis et Castelnaudary, — et la belle Antonia y figurait une jeune veuve à qui un bel officier fait la cour, vaguement désespéré, mais qui fera oublier le défunt au dénouement, à moins qu'il ne parte pour l'Afrique dans le but d'oublier lui-même. Ces deux personnages-là sont de vieilles connaissances pour vous. Or elle était, en entrant en scène, d'une humeur charmante dans la comédie,

9.

mais exécrable dans la vie réelle. Un impertinent l'avait poursuivie, à travers la ville, depuis l'arrivée de la troupe. Elle n'avait pu faire un pas sans le rencontrer. Elle n'avait pu ouvrir un meuble sans y trouver une déclaration de lui. A l'hôtel, à la poste, partout, il avait suborné des gens dévoués et vénaux qui s'étaient chargés de faire parvenir ses billets à leur adresse. Ah! elle la connaissait, son écriture, depuis le matin! Rien que de la voir, elle en avait maintenant des attaques de nerfs. Mais enfin elle allait en être débarrassée quelques heures; elle avait fait donner les ordres les plus rigoureux pour qu'on ne laissât pénétrer personne, non seulement dans sa loge, mais dans les coulisses. C'était les journalistes locaux qui faisaient un nez! Ce qu'ils se promettaient d'exécuter la pièce et l'artiste! Et les petites péronnelles aussi qui tenaient dans la troupe de petits emplois, et qui ne dédaignaient pas, elles, les hommages des jeunes citadins, ce qu'elles étaient furieuses! Un vent d'orage soufflait donc dans cette maison quand le rideau se leva. Monsieur et madame Birotte occupaient les deux fauteuils d'orchestre du milieu, au quatrième rang, les deux places réputées les meilleures du théâtre de Carcassonne. Et ce qu'ils coquetaient amoureusement, sous l'éventail de madame, pareils à deux amoureux, jusqu'au moment où les trois coups (symbole qui m'échappe aujourd'hui) retentirent, faisant monter, sous la toile, une fine poussière que salua un éternuement général de l'orchestre.

## III

La jeune veuve et l'officier avaient déjà marivaudé plusieurs fois. Il y avait eu des questions de famille à régler, une jeune sœur amoureuse aussi du militaire et dont il fallait ménager les illusions, un vieux notaire, ami des ancêtres, qui avait été pris pour conseil, tout ce qu'on trouve dans cette littérature issue de Scribe et seulement supportable encore aux confins de l'Espagne ou de la Suisse. Mais monsieur et madame Birotte étaient profondément impressionnés. Et puis, c'était de bon ton. Aucune de ces grossièretés qui déshonorent le théâtre contemporain. Assister à de pareils ouvrages, c'était fréquenter la bonne compagnie.

Arrivait un moment, très pathétique, ma foi ! où la belle Antonia — la jolie veuve, veux-je dire — recevait une lettre d'un ami de son premier mari qui lui avouait qu'il l'avait toujours aimée. L'actrice reçut cette nouvelle palpitante des mains d'un petit groom à son service. Or, voyez-vous pas que l'impertinent qui l'avait poursuivie toute la journée à travers Carcassonne et obsédée de ses billets, avait corrompu cet enfant, tout comme les autres, si bien que c'était encore une déclaration passionnée jusqu'à la menace qui arrivait à la malheureuse comédienne par cette voie détournée. Prendre pour entremetteurs l'art de Scribe et l'innocence d'un petit figurant ! Pouah ! Aussi l'indignation d'Antonia, en reconnaissant l'écriture de son persécuteur ordinaire, fut telle que, supposant qu'il était certainement dans la salle et voulant lui montrer le cas qu'elle faisait de ses écrits, elle ramassa nerveusement en boulette, froissa fiévreusement entre ses doigts le papier que le petit groom lui avait remis, et, quand il ne fut plus qu'une bille, le lança dans la salle avec un indicible geste de dédain.

A ce moment juste, M. Birotte, que la situation rendait positivement pantelant, penché en avant, les mains posées sur ses genoux, écoutait bouche bée, une bouche grande ouverte, énorme, convulsée d'émotion. Paf! la boulette y entre comme une lettre à la poste.

— Misérable! s'écria madame Birotte, à qui rien n'avait échappé et à qui ce moyen inattendu de correspondance révélait tout un monde nouveau d'infamies. Mais tu ne l'avaleras pas!

Et pendant que le misérable, à demi étouffé, se débattait contre une déglutition douloureuse, elle lui fouillait dans la gorge et en retirait, en lui maintenant affreusement la langue, le seul morceau non avalé de la lettre fatale. Mais quel morceau! « Je t'aurai! je t'adore! je te veux!... » Et pendant que Birotte toussait à attendrir un sapin, madame Birotte apostrophait la comédienne, les poings tendus en avant, tragique comme une Erynnie.

— Gourgandine! fillâtre! Et ça se fait des réputations de vertu!

Jamais Carcassonne, une ville paisible d'ordinaire, n'avait assisté à un pareil scandale.

— J'aurai le reste demain! clamait la furie, en

se retournant vers son mari toujours secoué par une quinte abominable.

Le lendemain, Birotte fut condamné à un nouveau supplice. Il était gardé à vue partout. Il préféra s'abstenir et contracta une inflammation d'entrailles qui l'emportait quelques jours après. Mais il n'avait pas livré son secret. Aventure héroïque au demeurant, mais qui prouve bien tous les inconvénients de la jalousie.

CALLIPYGES PROPOS

## CALLIPYGES PROPOS

### I

Je ne me blesse pas des plaisanteries faciles que me vaut mon admiration pour la callipygie. Je pourrais citer de fort grands hommes qui ont partagé mon culte et mes goûts. Il en est encore de fort ingénieux. Un illustre musicien de ce temps me contait comment un de ses amis avait procédé pour se choisir une femme, d'après des considérations infiniment plus nobles et désintéressées que les soucis de dot et d'espérances ordinaires. Ce garçon de bien était un ancien Labadens du directeur de l'Ambigu. Quand on lui proposait une fiancée, il offrait immédiatement à celle-ci et à madame sa mère deux fauteuils pour le drame en renom. On peut être économe sans être pingre pour cela. Puis, quand on se revoyait après cette politesse : « Eh bien! mademoiselle, vous êtes-vous bien amusée?... » La jeune fille disait avec enthousiasme ses impressions naïves et louait les comédiens... « Vous étiez bien assise, au moins?... — A merveille! » répondait l'infortunée. C'est tout simplement comme si elle avait signé sa condamnation. Le sceptique haussait les épaules avec mélancolie et l'affaire était rompue. Un jour, enfin, l'expérience eut un résultat tout à fait différent et infiniment heureux. Après la première question d'usage à laquelle il était encore répondu avec joie, il vit la seconde causer à la jeune personne un réel et charmant embarras... « Mon Dieu, monsieur, ne vous blessez pas, dit-elle en rougissant, de ma franchise. Certainement maman était assise à merveille... Mais moi... enfin nous avons dû demander une loge parce que je ne pouvais plus... respirer. — Dans mes bras, Sophie! » s'était écrié le pétulant fiancé, et le mariage était commandé huit jours après. Ce fut un malheur pour le théâtre de l'Ambigu, qui perdit ainsi une source de bénéfices. Heureusement que les directeurs actuels n'ont pas besoin de celle-là!

« Moi aussi, disait encore le même musicien illustre (ah! qu'il m'en voudrait si je le nommais!), j'ai eu souvent la curiosité en éveil sur ce développement harmonieux. Quand je donnais encore des leçons de composition et qu'une élève m'intéressait à ce point de vue, je ne manquais jamais de la pousser, en feignant une maladresse, de façon à la forcer à s'asseoir sur le piano ouvert. Au son produit, je mesurais le nombre de notes qu'elle couvrait. Celle-ci avait une octave et demie, celle-là deux, celle-là *(rara avis)* une octave et une tierce ou même une quinte. A la note qui ne donnait aucun son je devinais la place où se trouvait l'entre-deux de ma cliente. Vous me direz qu'elle aurait facilement pu remplacer le son absent par un autre. Mais je n'avais que des disciples bien élevées, et puis, si dissimulées que soient les femmes, aucune n'a pensé à me tromper sur ce point en me faisant accroire qu'elle réalisait un globe impeccable. Je pouvais même suivre ainsi l'état d'embonpoint ou d'amaigrissement de mon sujet. Quand on me servait une quinte diminuée, je faisais aussi la grimace. Ah! la gloire elle-même ne console pas de ces naïves joies de la jeunesse! »

Ainsi parlait le compositeur célèbre pendant que je l'écoutais ravi.

## II

Parmi les lettres nombreuses que les dames m'ont adressées autrefois, — aucune pour m'offrir une grande fortune, — j'en ai gardé une, signée Suzanne, — ce qui n'est pas compromettant, — et qui contenait, ma foi, une fort noble idée. Après m'avoir vanté, avec une modestie relative, son abondance personnelle comme magistrate assise et exprimé le regret de n'en pouvoir faire profiter les regards, au moins, des passants, elle ajoutait : « Faites-vous, à bref délai, monsieur, le promoteur d'une exposition « sidérale » dont vous ne refuserez certainement pas la présidence. La mise en scène, je vous en préviens seulement, devra être si luxueuse que les candidates affluent, séduites et rassurées à la fois, et cela sera, si chacune est certaine de trouver dans sa loge un loup impénétrable qui lui garantira le mystère et aussi le plus savoureux, le plus irrésistible des enveloppements, flots légers de dentelles exquises d'où émergera, radieuse, la seule beauté qui nous occupe. »

Au fait, pourquoi pas? Ce sera un concours de beauté localisé, voilà tout. On fait bien aussi des concours d'enfants et rien ressemble-t-il davantage aux joues roses et bouffies des bébés que l'objet pour lequel il s'agit d'instituer un prix? Je crois même que je n'adore les enfants que parce qu'ils lui ressemblent.

Ai-je répondu en son temps à cette lettre? Je n'en sais rien. Il est vraisemblable que non, puisque je l'ai conservée. Mais comme le sujet intéresse, Dieu merci! un nombre considérable de mes lectrices, c'est à toutes que je m'adresserai en réparant une regrettable omission.

Madame ou mademoiselle Suzanne, dirai-je, — car vous avez omis de me dire si le tant précieux trésor dont vous êtes dépositaire appartient à un époux ou à un amant, ce qui me serait personnellement tout un, car tout en n'éprouvant qu'une sympathie modérée pour le mariage, je ne refuse pas cependant de fréquenter les personnes qui en sont atteintes, d'autant que c'est un mal infiniment moins contagieux que la gale, — eh bien! l'idée de ce glorieux concours avait hanté mon esprit longtemps avant que j'eusse reçu votre aimable confidence. J'avais même fait appel à mes souvenirs de polytechnicien pour l'invention d'un buphisomètre permettant de mesurer mathématiquement le volume de la délicate matière qu'il s'agit de cuber (le mot n'est pas joli, mais il est technique et, de plus, en situation). Mon buphisomètre ressemblait, en principe, à cette espèce d'accordéon que les chapeliers *contemporains* vous enroulent autour de la tête pour en prendre la mesure, — accordéon rigoureusement sans musique, bien entendu. — Eh bien! j'ai pu constater que les dames se soumettaient difficilement et avec inquiétude à une expérience n'ayant cependant d'autre danger que d'exercer une certaine pression sur leur arrière-train. Cherchant un procédé de métrage plus délicat, j'avais aussi songé à évaluer le volume d'eau déplacé dans un bain de siège gradué par les avantages naturels des concurrentes. Mon appareil ressemblait comme deux gouttes d'eau à celui avec lequel on démontre le principe d'Archimède dans les cabinets de physique. Voulez-vous mon opinion? Eh bien, je trouve tout cela mesquin et, ce qui est plus grave dans l'espèce, étroit. Quelle sacrilège application de l'algèbre qui n'aurait jamais été, la pauvre, à pareille fête! Vous avez raison, madame ou mademoiselle, c'est une mise en scène grandiose qui convient à une si émouvante cérémonie. Toutes les beautés de la nature en doivent constituer le décor; tous les grands souvenirs de la mythologie antique y doivent trouver leur place. C'est le ciel, le grand ciel étoilé qui doit être le plafond du théâtre et toutes les merveilles de la féerie s'y doivent accumuler dans un spectacle inouï! Accumuler, vous entendez bien? L'euphonie naturelle et imitative des mots vient ici au secours de mon éloquence.

### III

Je vois d'ici ce grandiose tableau.

Une nuit de pleine lune, afin de mettre la cérémonie sous l'invocation de la divine Phébé, le cortège, précédé de musiques sacrées exclusivement composées d'instruments à vent, pour demeurer dans la couleur locale, viendrait se ranger sur les bords d'un lac tranquille où se refléterait, comme dans un miroir, l'astre cher à Endymion. Un grandiose recueillement emplirait l'immensité, les étoiles, amorties par le grand rayonnement lunaire, n'étant qu'un clignotement d'yeux aux cils d'or dans les profondeurs infinies du ciel; le rossignol, naturellement curieux, ayant suspendu l'égrènement de ses trilles dans le mystère délicieux des feuillages; les souffles du soir ne posant eux-mêmes aux lèvres d'argent de l'eau limpide qu'un mince baiser; le chuchotement des roseaux lui-même s'étant tu, comme si la nouvelle de la mort de Midas les eût atterrés de son deuil; les phalènes elles-mêmes accourant le long des cimes, avec le double éventail en velours de leurs ailes immobiles; que sais-je? les politiciens eux-mêmes, égarés dans ce paysage, cessant mécaniquement leur bavardage insipide, comme de vieilles mécaniques cassées.

Attention, maintenant!

*Extremum hunc, Arethuse, mihi concede laborem!*

Comment un tel sujet bucolique ne ferait-il pas chanter encore, en nous, l'âme du doux Virgile?

Par un artifice analogue à celui des ombres chinoises qui ont immortalisé Rivière, chaque concurrente viendrait projeter le noir relief de ses formes sur l'image de la lune, et celle qui produirait l'éclipse la plus complète, — vous, madame ou mademoiselle, je me plais à le croire, — obtiendrait le prix. Des membres du Bureau des longitudes, déguisés en magiciens et en enchanteurs Merlin, calculeraient exactement la partie de l'astre occultée (que la langue française est riche, bon Dieu! et que les académiciens qui la gardent ensemble doivent avoir de plaisir!). Durant ce temps, des chœurs de l'Opéra que mes amis Bertrand et Gailhard n'auraient garde de me refuser entonneraient un splendide fessithalame. Car la *Marseillaise* ni l'hymne russe n'auraient rien à voir là. L'accompagnement serait fait, bien entendu, par des harpes éoliennes.

Voilà à quel projet je m'arrête. Il ne me manque

que les fonds pour le réaliser. Vous devinez, mesdames, de quels fonds j'entends parler. Car, Dieu merci! la clarté de la lune et la sincérité des lacs nocturnes ne coûtent rien. La bonne *alma parens* qu'est la Nature nous donne tout cela pour rien. C'est un exemple que vous devriez imiter, mesdames, dans tout ce que vous tenez de sa munificence, bien que le seul argent que je n'ai pas regretté de ma vie soit celui dont je l'ai payé.

## LE GENDARME

## LE GENDARME

### I

Le train filait dans l'ombre vite venue ; à peine, de temps en temps, les lumières d'une station, que franchissait l'express, mettaient, rapides, une teinte jaune aux vitres fortement ombrées. Dans l'intérieur du compartiment, rien que la clarté très amortie de la lanterne centrale incrustée au plafond et dont un voile bleu, faisant office d'écran, recouvrait l'enveloppe transparente et bombée. Dans cette demi-obscurité, mon ami Marcel de Saint-Julia était tout emmitouflé, n'ayant pour toute compagnie qu'une dame frileusement pelotonnée dans l'angle le plus éloigné de celui qu'il avait choisi. A peine avait-il entrevu son visage, abîmé qu'il était dans un véhément chagrin d'amour. Ah! Céleste valait bien cette mélancolie, et j'en aurais aussi été épris comme lui-même si Marcelle n'eût possédé, à ce moment, tout mon cœur. Perfide Céleste ! Elle avait la grâce nonchalante, l'adorable gracilité de mouvements qui fait de la femme le plus admirable des félins. Dans ses yeux clairs et étoilés passait je ne sais quel rêve de volupté sauvage et sa belle crinière fauve jetait, sur ses épaules, la toison héroïque du lion néméen. Tout était langueur exquise dans son être profondément conscient de sa splendeur. Elle souffrait, avec une résignation superbe, l'outrage inquiet des caresses, se laissant adorer sans que rien témoignât qu'elle-même eût une âme. Fait d'aristocraties souveraines, son corps s'abandonnait avec d'adorables dédains. Mais qui dira l'éclat de l'or vivant dont était faite sa chevelure et la solidité marmoréenne de sa gorge, double colline dont un invisible couchant incendiait les cimes de neige jumelles... Ah! fille cruelle et sans foi ! Et que mon ami Marcel de Saint-Julia avait raison de pleurer une telle maîtresse ! Car c'est à travers ses larmes qu'une façon de sommeil troublé, de sommeil dans repos ayant fermé ses yeux, il s'était plongé sans un songe faisant revivre, pour lui, la scène qui les avait séparés. C'était une répétition intense des angoisses déjà subies. Elle avait prétexté une absence de deux jours, la visite classique à sa mère, vertueuse paysanne ignorant tout à fait le déshonneur de son enfant. Deux jours sans la voir, presque un siècle !... Fatalité d'une promenade délatrice. Il avait cru l'apercevoir dans le fond d'une voiture trois heures après l'avoir reconduite lui-même à la gare. Bah ! c'était stupide ! On croit reconnaître, dans toutes les femmes, celle qui vous a pris votre pensée. Il regrettait cependant de n'avoir pas suivi la trace déjà disparue. Allons donc ! il était fou ! Elle avait pris son billet devant lui. Les heures qui avaient suivi n'en avaient pas été moins atroces et il lui avait été impossible de dîner. Comme tous les maux que l'ombre avive au lieu de les assoupir, comme dit si bien le vers virgilien :

*Tempus erat quo prima quies mortalibus ægris...*

il avait senti sa fièvre s'accroître quand, le soir, il était descendu par les rues, un soir parisien au brouhaha mélancolique sur le pavé gras, avec ses bruits de devantures qu'un cric fait descendre, avec ses va-et-vient de filles affamées dont les toilettes boueuses ont des relents de parfums grossiers... Une sorte de dégoût de tout ce qui n'était pas quelque chose d'elle, plus que la jalousie à laquelle répudiait son esprit, l'avait amené doucement jusque dans le quartier qu'elle habitait, jusque dans la rue où était la chère maison, jusque devant la porte qu'ils franchissaient tous les soirs ensemble. Son cœur battait si fort au rythme des talons de la charmeresse dans l'escalier !... Une force inconsciente l'avait poussé et ses yeux erraient dans le vague... Cette fois, deux ombres disparaissaient par l'huis adoré, et c'était bien elle... Mais non! non! Et cette vertueuse mère, la paysanne dont il avait lu une lettre et qui l'attendait?... Ah! le doute devenait impossible. Les deux croisées de son appartement venaient de s'éclairer... Il n'avait pas la berlue, que diantre! C'était bien l'étage et bien les deux fenêtres! Il avait bondi... il bondissait encore en rêve et était déjà sur le palier. Comme dans la réalité, il donnait, se sentant défaillir, un coup mourant de sonnette... Rien!... Alors il recommençait avec rage, il carillonnait comme un sonneur ivre...

— Mais, monsieur, s'écria la dame qui était avec lui dans le wagon, en le secouant pour le réveiller, vous avez perdu la tête!

A peine tiré de son rêve, Marcel put contempler le joli coup qu'il avait fait. Il s'était, dans sa mimique de somnambule exaspéré, cramponné au bouton de la sonnette d'alarme du compartiment et il avait fait jouer énergiquement le signal de secours.

II

A peine revenu à lui, il mesura la portée de cette fâcheuse distraction. C'était écrit sur le cadran de cet aimable appareil : une amende formidable et pas mal de prison à qui, sans nécessité, aurait fait jouer cette petite machine et jeté la terreur dans un train tout entier, au risque d'amener les collisions les plus graves par un arrêt intempestif. C'était du propre!

— Madame, s'écria-t-il, vous seule pouvez me sauver !

— Et comment cela, monsieur, s'il vous plaît ?

— Mais en déclarant à l'autorité qui va venir que c'est vous qui avez sonné.

— Par exemple ! Je vous remercie !

— Vous direz que vous avez été obligée de demander du secours parce que j'avais été inconvenant avec vous.

— C'est cela ! Mais, malheureux, on vous poursuivra pour ce délit absolument comme pour l'autre.

— Oui, mais ça sera bien moins ridicule pour moi. Ça sera presque flatteur.

— Je vous dis, monsieur, que vous vous moquez de moi.

Mon Marcel, qui n'en voulait pas démordre, supplia :

— Je prendrai tout sur moi, madame ; je dirai que vous vous êtes admirablement défendue. Tenez ! donnez-moi une claque, que j'aie la joue toute rouge et arrachez-moi quelques cheveux. Dites que c'est vous, madame ! Je ferai tout ce que vous voudrez ! Je vous aimerai pour de bon !...

Et, durant ces discours insensés, il lui baisait les mains, — de petites mains blanches et très potelées — et lui étreignait les épaules — des épaules blanches et grassouillettes qui sentaient bon sous le vêtement — et plongeait des yeux ardents dans ses yeux — de beaux yeux d'une douceur effarouchée.

— Enfin, obéissant à un souvenir classique, il fourrageait respectueusement sous ses jupes pour « embrasser ses genoux », comme on dit dans les tragédies.

A ce moment, le train s'était arrêté... le coup de sonnette, sans doute, et un gendarme monta. Très pâles, ils se laissèrent retomber chacun dans son angle. Dans un troisième coin, le gendarme s'installa et demeura silencieux, tout en caressant sa rude moustache grise. Ce silence rendait la situation plus anxieuse encore et leur permit à tous les deux d'en mesurer l'horreur. Car madame aussi avait été compromise par cette mimique désespérée dont, surprise, elle ne s'était que médiocrement défendue. Le gendarme n'avait pas, sans doute, sur lui les papiers nécessaires pour dresser immédiatement le procès-verbal, mais il avait été mis là en surveillance pour les empêcher de s'échapper avant le premier commissariat de police. C'était un militaire déjà sur le retour, d'une figure au premier abord rébarbative, mais dont les dessous n'étaient pas sans une vague bonhomie. Avec une discrétion parfaite, il feignait de ne pas s'occuper du tout d'eux. Il se roulait la tête dans le drap des tentures du wagon comme pour y chercher le sommeil ; ou bien il tapotait rythmiquement sa cuisse, pendant que ses lèvres en cul de poule sifflaient intérieurement quelque fanfare ; à moins qu'il ne roulât machinalement une cigarette qu'il avait grand soin de ne pas allumer pour obéir aux règlements. Madame conçut, la première, l'idée de séduire ce Pandore par de bons procédés et de s'en faire un ami.

— Vous pouvez fumer, monsieur, lui dit-elle de l'air le plus gracieux du monde.

Mais il n'usa pas de la permission donnée et continua de tourmenter entre ses ongles son papelito.
— « Un incorruptible et un dur à cuire ! » pensa la pauvre femme. — « Il faudrait pourtant s'en faire un ami ! » se disait tout bas Marcel. Le gendarme maintenant, ayant tiré quelques pruneaux de sa poche, les grignotait lentement, avec un air parfait d'indifférence, en gardant les noyaux dans sa main pour ne pas salir le tapis. — « Comme il se possède ! pensa la voyageuse. Son sang-froid me fait peur. Un aveu loyal le désarmerait peut-être. »

— Monsieur le gendarme, fit-elle résolument, c'est par inadvertance que j'ai sonné... par pure inadvertance...

Il ne répondit rien. Et elle continua :

— C'était en jouant... Monsieur est mon mari... ou, du moins, nous allions nous marier dans quelques jours... Elevés ensemble... cousin et cousine... Nous sommes encore comme des enfants...

— De vrais enfants, monsieur le gendarme, continua Marcel pour corroborer. Aussi nos familles, qui ont confiance en nous, nous laissent voyager seuls... Elles savent bien... Voilà ! nous jouions au volant avec nos mouchoirs ramassés en petit tampon et mon volant avait glissé sous les jupes de ma cousine... de ma fiancée... Pour m'empêcher de le trouver, elle le faisait remonter le long de ses mollets par un petit mouvement de jambes... et c'est en voulant le suivre... il grimpait toujours... Vous savez bien ? un *gafarotes*, comme on dit dans le Midi ! ces petites boules d'épines vertes et souples qui grimpent et se collent aux vêtements. C'était la même chose...

— Nom de Dieu ! fit enfin le gendarme en se tapant la cuisse comme pour y écraser une guêpe, est-ce que vous allez m'embêter longtemps avec vos histoires ? Pour un jour de permission que j'ai, vous ne pouvez pas me laisser tranquille ? Si j'avais su ça, j'aurais pris mon jour de congé en bourgeois ! Ce sacré uniforme, ça inspire trop de confiance. Tout le monde vous dit ses potins... Ah ! enfin, me voilà chez moi !

Le train s'arrêtait en effet. C'était la station suivante. Le gendarme descendit en bougonnant. La voyageuse, toujours inquiète, le suivit sur le quai.

— Monsieur le gendarme, vous direz bien, n'est-ce pas, que c'est moi qui ai tiré la sonnette d'alarme ?

Pandore se retourna brusquement.

— Hein ? vous aviez tiré la sonnette d'alarme ? Eh bien ! personne n'a rien entendu. C'est que l'appareil ne marche pas. Ah ! les sacrées compagnies ! quel matériel ! Alors on aurait pu m'assassiner ?...

Et, commençant immédiatement une enquête, le bon gendarme constata qu'en effet la sonnerie était dérangée, le signal absolument muet, et, malgré qu'il fût, comme il l'avait dit, en permission, il verbalisa contre le chemin de fer.

Marcel et la dame inconnue remontèrent fort tranquillement dans leur compartiment et, reprenant courage à vivre, mon ami se remit à chercher, sous les jupes de sa compagne, le mouchoir toujours égaré.

CONTE ORIENTAL

## CONTE ORIENTAL

### I

C'était, en vérité, une adorable princesse que cette princesse Ratoumi dont le puissant époux régnait en Perse, il y a une vingtaine d'années, je crois. — Oh! vous savez, moi, les dates me sont bien indifférentes! J'ai été toute ma vie un merveilleux cancre en histoire et en géographie. Je n'aime que les choses immortelles, la mathématique et la poésie. Un beau théorème et un beau vers n'ont ni date ni pays. Ils sont contemporains du genre humain et ça leur suffit. Tout ce qui arrive aujourd'hui aurait pu se passer il y a plusieurs siècles, sans que l'âme humaine en eût été modifiée. Bien plus, il est certain que tout ce qui se passe, résultat des passions humaines, s'est déjà passé. Le temps et la place sont des conventions, de simples moyens de se reconnaître dans le chaos rythmique et intermittent des faits, et de se bien assurer qu'on parle de la même chose.

Quoi qu'il en fût, cette délicieuse princesse Ratoumi avait tout ce qu'il fallait pour conserver à son royal époux la soumission et la tendresse d'un peuple toujours demeuré fidèle au culte de la beauté. C'est qu'être l'esclave d'une souveraine dont le seul aspect fait ployer, d'eux-mêmes, les genoux et courbe les fronts sous une admiration muette, dont un regard vous ferait courir à la mort, dont un sourire rendrait doux les plus cruels supplices, est un sort enviable après tout et très préférable à nos fausses virilités démocratiques. La tyrannie n'a jamais eu au fond, contre elle, que d'avoir été exercée par des hommes. Aucun plaisir à suivre les caprices de ceux-ci, surtout quand ils ressemblaient à ceux de Denys le Syracusain ou de Tibère. Mais obéir aux imaginations, même farouches, d'un despote portant au front, dans le ruissellement de sa chevelure et dans l'or de son diadème, l'invincible sceau de la beauté toute-puissante, ne saurait déplaire qu'à de misérables insurgés contre la sainte loi divine de la Nature, celle qui nous prosterne aux pieds d'un idéal sans merci.

Dans tous les cas, c'est une circonstance atténuante pour un roi de partager son trône avec une reine revêtue de ce noble signe. Il éclatait d'un bout à l'autre de la personne de la princesse Ratoumi et était écrit dans ses moindres traits. Tout disait la race élevée dans cet être à la fois imposant et exquis: dans la pureté des lignes de son front d'où jaillissait, comme d'un roc d'ambre, une toison dont le noir profond avait les reflets de lapis d'un ciel nocturne ; dans la rigidité amincie de son nez où palpitaient, comme les ailes d'un papillon, deux petites narines roses ; oui, d'un papillon qui aurait pris sa bouche mignonne et légèrement charnue pour la plus belle rose d'un jardin ; comme ceux des fauves, ses yeux n'étaient guère qu'une prunelle pailletée d'or et roulant une constellation en miniature sous le nuage velouté des cils; son teint avait la matité argentée des pétales des lys quand les premiers baisers du soleil ont bu, au calice de ceux-ci, les derniers pleurs du matin. Son corps, aux harmonies caressantes, avait les nonchalances voluptueuses qui attirent et agenouillent ensuite dans l'indicible trouble d'un respect toujours vaincu. Le mot « charme » semblait avoir été inventé pour elle. Une grande bonté rayonnait dans cette splendeur, une bonté douce et qui en était comme l'essence immatérielle.

Je vous entends dire déjà, en parlant de son mari le prince Togrul : « Voilà un heureux coquin. » Détrompez-vous. Ce despote insuffisant était tout hanté de billevesées scientifiques. Entendons-nous : il ne sondait nullement, dans son infini surhumain, le mystère des nombres et les sublimités immatérielles de l'algèbre. Mais il se complaisait aux recherches expérimentales qui suffisent aux esprits purement documentaires et transforment aujourd'hui la science, comme la littérature, en une simple officine d'apothicaire. Ce Togrul lisait tous les mémoires qui se publient en Europe et en vérifiait lui-même les merveilleux boniments. Voilà une sotte occupation pour un mari qui aurait pu demeurer couché avec une aussi jolie femme !

## II

Or le prince Togrul sauta de joie quand il lut celui du docteur Sylvester (un quasi-homonyme à moi), honneur du Royal Academy londonien. Bien qu'il ait été analysé dans tous les journaux récemment encore, — car ceux-ci nous en servent périodiquement des extraits quand revient l'époque des bains froids, — je rappellerai qu'il donne un moyen simple de ne pas se noyer dans l'eau quand on ne sait pas nager. Je transcris fidèlement la méthode et parle le plus sérieusement du monde : « Il suffit d'avoir un petit canif à lame droite, ou tout autre instrument tranchant, et, au moment où vous allez vous abandonner aux flots, soit volontairement, soit involontairement, vous pratiquez une petite incision dans votre bouche à la hauteur de la première molaire inférieure ; puis vous aspirez le plus d'air que vous pouvez et, au lieu d'exhaler cet air par la bouche et par les narines, vous le refoulez dans l'ouverture ainsi pratiquée, en ayant soin, bien entendu, de boucher hermétiquement les ouvertures naturelles (*sic*). Au bout de peu de temps, vous êtes gonflé, à l'exemple de ces animaux de boucherie auxquels on insuffle de l'air, une fois abattus, avec un soufflet, de façon à les pouvoir écorcher plus facilement. Par le fait de ce gonflement artificiel, votre corps augmente de volume et perd de sa densité, au point de vous permettre de flotter sur l'eau comme une simple barrique vide *bien bouchée*. Le docteur Sylvester s'est d'ailleurs convaincu, par l'expérience, que le véritable emphysème sous-cutané ainsi obtenu était absolument inoffensif et que rien n'était plus aisé que de le faire disparaître aussitôt qu'il avait cessé d'être utile. » Que dites-vous de la recette? Il faudrait vraiment ne pas avoir de quoi acheter un petit canif à lame droite et ignorer tout à fait la place de sa première molaire inférieure — ce qui est d'ailleurs mon cas — pour ne pas en substituer l'usage à celui du triple airain que recommandait Horace, lequel ne valait déjà pas un bon collier de bouchons ou un chapelet de vessies.

Le lendemain du jour où il connut cette découverte philanthropique et natatoire, le prince fut absent toute la journée, sans avoir voulu donner à personne, même à son premier ministre, la moindre indication sur le lieu de sa promenade. La vérité est que, muni d'un excellent petit canif, il s'en était allé gagner, dans un délicieux paysage, une saulaie qui projetait sur la rivière l'ombre de ses pleurs immobiles et vivants. Là, l'eau d'un vert d'amande était sans remous et pleine de fraîcheurs attirantes. Togrul nageait comme un poisson. Mais il avait eu soin de s'attacher de près les deux chevilles l'une à l'autre, se jurant à lui-même de ne se servir de ses bras que pour se soutenir sur l'eau. Il voulait une expérience consciencieuse jusqu'au péril et approfondie jusqu'au sacrifice. Il avait même rédigé un testament en faveur de la princesse à qui il laissait le trône et tous ses bijoux, plus quelques valeurs immobilières. Après quoi, l'intrépide savant chercha la première molaire inférieure et s'incisa comme le docteur Sylvester le prescrit. Il ne convient pas de trahir d'aussi importants secrets d'Etat. S'il en faut croire cependant la révélation d'un cormoran qui pêchait à peu de distance, le prince pataugea horriblement, but une série formidable de gouttes, éternua comme un marsouin dans la rivière. Remarquez que cela ne prouve rien contre la méthode de mon illustre quasi-homonyme. Le prince s'y prit sans doute maladroitement, voilà tout. Ce n'est pas du premier coup qu'on apprend aux bœufs à nous offrir leur peau toute détachée, sur un coussinet d'air plastique et flottant. Il leur faut, pour en arriver là, l'éducation austère de l'abattoir. Le prince avait peut-être oublié de fermer hermétiquement ses ouvertures naturelles ; ou bien laissa-t-il s'exhaler par la bouche et les narines le gaz laborieusement amassé ; ou bien encore fit-il insuffisamment son refoulement dans l'ouverture pratiquée, ou ne sut-il pas donner à son emphysème artificiel le renflement moelleux et l'innocent ballonnement qui en sont les charmes, comme le parum est celui de la rose ? Toujours est-il qu'il rentra bredouille au palais, j'entends sans résultats précis, héroïques, indiscutables, et pour tout gibier scientifique, en la carnassière naturelle de son cerveau, un coryza. Mais il n'en avait pas moins acquis... par l'expérience, le rythme de ce genre de respiration intérieure.

### III

La nuit était venue, une de ces nuits persanes dont le bon poète Armand Renaud a jadis célébré les splendeurs ; une nuit toute pleine d'étoiles avec d'invincibles enivrements dans l'air et des palpitations d'ailes invisibles secouant des bruits mélodieux dans l'espace et de délicieux parfums ; une nuit aux langueurs troublantes et bien faite pour les immortelles voluptés de l'amour. Quelle revanche l'excellent Togrul aurait pu prendre de sa mésaventure diurne ! Mais il n'y songeait guère et s'était tout de suite endormi, très accablé de fatigue, aussitôt aux côtés de la princesse Ratoumi. Puissance du ciel ! Et cet homme n'était pas cocu !

Tout à coup il sembla à la princesse qu'une invincible pression la faisait rouler dans la ruelle du lit pour l'y écraser contre les riches tentures de soie. Inquiète, elle étendit la main du côté de son époux. Un cri de surprise brusquement étouffé lui demeura dans la gorge, et une invincible horreur la fit muette. Le prince avait, au moins, quintuplé de volume, et sa surface était si molle que les doigts y enfonçaient. Elle sauta du lit et fit de la lumière. Le spectacle qui s'offrit à sa vue faillit la faire tomber à la renverse. Le ventre du noble prince atteignait la hauteur du plafond et ses bras tuméfiés flottaient au-dessus des draps comme des montgolfières à leur départ.

Elle pensa qu'il étouffait et se précipita vers la fenêtre aux élégantes dentelures multicolores, en appelant au secours! La porte s'ouvrit et détermina un courant d'air dont l'effet fut prodigieux vraiment. Togrul, devenu un véritable ballon, fut soulevé, poussé vers la large fenêtre, la traversa en s'aplatissant sans le moindre effort et disparut dans l'espace, emporté sur le chemin d'or des étoiles.

Le malheureux avait rêvé qu'il continuait son expérience et, reprenant machinalement sa gymnastique pulmonaire dans le sommeil, avait infiniment mieux réussi que dans la rivière.

La princesse fondit en larmes quand son mari eut définitivement disparu, comme une fumée ; dans les vêtements du prince, on trouva ses dernières dispositions, qui furent religieusement exécutées. La belle princesse Ratoumi lui succéda sur le trône et ses sujets eurent le bonheur, que j'ai toujours rêvé pour le gouvernement de mon pays, de n'avoir à subir que les caprices de la beauté, ce qui est, ici-bas, le devoir, non pas de tous les citoyens, mais de tous les hommes.

# LE NOUVEAU COMMANDEUR

## LE NOUVEAU COMMANDEUR

### I

Or donc, apprenez, bonnes gens, que j'ai découvert, dans mes archives, un tiroir plein de contes nouveaux fort gaulois, suffisamment grassouillets, et bien faits pour épouvanter les bégueules, et comme je sais que vous n'êtes pas de cette chattemiteuse confrérie, j'entends vous les égrener ici, comme un chapelet de joyeux propos dont les *Gloria Patri* seront des éclats de rire. Vous avez, mon amour, pour rougir derrière, le dernier éventail qui me faillit ruiner à la fête de Saint-Cloud. Il paraît que le vin, mon compère, sera délicieux cette année. Nous pouvons donc nous donner soif avec des devis salés, le plus économique assurément des éperons à boire.

Le commandeur dont je vous vais parler aujourd'hui n'est pas un des derniers promus dans les ordres illustres de Saint-André et de Saint-Wladimir. J'oserai dire qu'il est plus ancien encore. Mais d'abord suivez-moi dans l'ancienne maison seigneuriale où je passai si souvent mes vacances autrefois, dressée sur un monticule aux verdures rares et poudreuses, les pieds baignés par les eaux argentées de l'Ariège, avec sa grande salle obscure où l'on mettait les vieux tonneaux et où, tout enfant, j'osais entrer à peine, tant la légende y mêlait ses caprices aux toiles d'araignée. Si peu souvent que j'y sois entré, je la revois encore avec ses austères ornements, l'ouverture creusée dans les pierres des oubliettes, le lourd anneau de fer où les manants rétifs étaient attachés, et surtout l'antique armure d'un chevalier mort en Palestine et que ses pieux compagnons avaient rapporté à sa veuve, la noble dame Bertrade de Culdesac. Car ce manoir était celui des Culdesac dont la noble lignée vient de s'éteindre dans la pauvreté et dans l'oubli, race forte et un peu bouchée, comme son nom l'indique, — du moins aux choses de l'esprit, — mais qui avait produit de véritables héros. Oui, je la revois encore, cette armure debout dans un coin à gauche, debout comme si son hôte en eût occupé encore les froides et sonores profondeurs. Ses doigts de métal à écailles avaient été refermés sur la hampe à clous d'acier d'une hallebarde et on eût dit, à la voir, une sentinelle du passé, mélancolique au seuil plein d'ombre de l'avenir.

Or, elle devait veiller aussi sur la vertu de ma vieille tante Guillemine, quand celle-ci n'était pas vieille encore, mais une belle fille dont je n'ai connu que les restes, assez pour regretter de n'avoir pas été plus tôt son neveu. Et cela, vous allez savoir comment, pourvu que vous me prêtiez autant d'attention que j'en prêtai au vieil homme qui me conta la chose, en mangeant des châtaignes, le soir, à la veillée, des châtaignes qu'arrosait un délicieux petit vin blanc du coteau d'Ornolac.

II

Oui, ma tante, paraît-il, avait été bigrement jolie, et deux garçons, entre autres, diversement accueillis d'ailleurs, lui faisaient la cour. Elle aimait fort l'un d'eux, Bernard Boubichou, mais ne pouvait sentir l'autre, Thomas Humevesse. C'est que Bernard était plein de douceur et de prévenances, un peu timide, mais tendre au possible et ayant, pour un simple paysan, des délicatesses auxquelles une femme est toujours sensible, tandis que Thomas, qui avait été au service, était une vraie brute, maltraitant les animaux, criant toujours, rancunier avec cela, sournois et jaloux. Les préférences de ma tante pour son rival étaient un danger continuel pour celui-ci.

Or, apprenez encore que le château appartenait au dernier des Culdesac, le comte Gontran, un ancien émigré de façons excellentes, mais un réel imbécile, n'ayant qu'une qualité, celle d'être assez accueillant aux pauvres gens. Il laissait le premier venu entrer dans le château, et jouait volontiers au vieux suzerain, mais sans faire de mal à personne. Il avait même voulu rétablir certains privilèges, le droit de jambage, en particulier. Ce retour aux vieilles coutumes féodales lui avait valu un lumbago qui l'en avait rapidement dégoûté. Par une enfantine manie, il aimait à voir son manoir plein de monde, pour s'imaginer qu'il avait encore des vassaux. Aussi se promenait-on beaucoup chez lui, un peu partout, sauf cependant dans la grande salle dont nous parlions tout à l'heure et qui était l'objet de mille superstitions, la grande salle avec son chevalier de fer creux menaçant le plafond poudreux du trèfle rouillé de sa pertuisane. Or, un matin, Bernard dit à ma tante: « C'est là que nous nous verrons ce soir. » Et ma tante Guillemine se mit à trembler comme une feuille au vent d'automne, à cette idée. Mais elle n'osa dire non, tant elle aimait Bernard et tressaillait aussi d'aise intérieurement, rien qu'à l'idée de se trouver seule avec lui.

C'est que le pauvre Bernard en avait appris une belle et qui lui donnait plus envie de pleurer que de rire. Les parents de ma tante Guillemine, une fillette alors, avaient décidé de la marier avec Thomas, parce que celui-ci avait un peu plus de bien, un champ qui faisait comme un tapis de verdure à Notre-Dame de Sabar, debout à l'entrée de sa grotte miraculeuse où les vieilles vont encore marmotter leur rosaire quelquefois. Le rendez-vous avait donc une solennité expliqua... le choix de cet endroit mystérieux. Il s'agissait d'apprendre à ma tante les mauvais desseins de sa famille, de combiner la résistance avec elle et d'échanger les suprêmes serments, voire d'en escompter quelques hoiries.

La nuit vint, enveloppant d'ombre les tourelles, envahissant les lignes des paysages, enveloppant de vapeurs la montagne, éteignant les dernières clartés d'argent qui couraient sur la rivière. On était au temps du maïs, et Bernard en avait donné à ma tante une galette onctueuse que celle-ci avait posée dans son tablier, en relevant les coins. Mais un homme avait précédé nos amoureux dans la grande salle, cette canaille de Thomas Humevesse qui, après les avoir suivis dans l'obscurité, avait deviné leurs projets et qui avait pris les devants (Bernard espérait fermement prendre le contraire) pour les surprendre méchamment. En se glissant dans la grande pièce, sonore comme un violon, aux échos toujours en éveil, il entendit un bruit rapide comme des pas que suivait un cliquetis d'acier... puis plus rien. Fou de terreur d'abord, malgré sa vantardise accoutumée, il se rassura vite en pensant qu'il avait vraisemblablement effarouché quelque chouette dont le vol pesant avait été se cogner aux murailles. En quoi il se trompait ; car autant vous dire tout de suite que l'endroit était vraiment habité. Une bande de gitanes aux pieds nus, comme on en rencontre souvent sur les frontières d'Espagne, avait passé par là dans la journée, et un des drôles qui la composaient s'était blotti dans un coin, espérant qu'il y aurait bien quelque menue vaisselle à voler au château et quand Thomas entra, le voleur, surpris dans son embuscade, avait cherché à se cacher et, agile comme tous ses pareils, n'avait rien trouvé de mieux que de se glisser, au clair de lune, dans l'armure vide, pour y attendre les événements. Revenu, à tort, de son émoi, notre Humevesse avait été précisément s'embusquer à son tour derrière ladite armure, entre les jambes de fer de laquelle il avait jeté son béret, la coiffe en l'air, sur le piédestal de granit usé par le temps.

Un instant après, se serrant l'un contre l'autre comme des oiseaux frileux, entraient ma tante et Bernard.

### III

Or il advint qu'à travers une lucarne percée dans les profondeurs du mur, un rayon de lune s'en vint se poser devant le chevalier muet, baignant d'une clarté blanche un large espace, promenant une colonne d'ondes lumineuses dans la salle obscure. Un banc était devant la statue de fer, en plein dans cette baie lunaire; ils s'y assirent et commencèrent à causer, entendus de deux témoins à la fois, juste de quoi contracter un mariage. Mais bientôt les mots se turent sur leurs lèvres. C'est que les baisers y montaient, pareils aux fruits qui viennent après les fleurs. Bernard enlaça doucement la taille alors svelte de ma tante et celle-ci pencha sa tête sur l'épaule du bien-aimé, puis leur extase s'anima au point de rendre absolument gênant pour ma tante la galette de maïs qu'elle avait toujours dans son tablier. Comprenant son embarras, Bernard prit le gâteau doucement et chercha où le poser. Comme il était, ainsi que tous les braves gens et de conscience pure, d'un naturel facétieux, il ne trouva rien de mieux que de l'engager, par la moitié, dans la visière ouverte du casque de l'armure où ils croyaient que l'ombre seule d'un Culdesac assistait à leur entretien. Le voleur, qui mourait de faim, trouva la plaisanterie excellente et commença de grignoter sans faire de bruit cette consommation inespérée. Il n'en avait englouti encore qu'un croissant que les effets laxatifs de la farine de maïs mêlée au lait écumeux de nos montagnes se manifestèrent avec une impétuosité dont il ne fut pas maître. Sans crier gare, il vous accoucha d'une tempête qui le tourmentait, non pas dans le crâne, mais plus bas.

Tout eût fait croire, même à des gens sensés, à une ruse d'un démon, si l'odeur qui accompagna cet orage avait eu de plus sérieux rapports avec celle du soufre. L'effondrement se fit par intermittences bruyantes qui rythmaient une véritable musique d'ondée. Ce que le béret de cette canaille de Thomas était à la noce ! Mais lui-même recevait, comme il convient à un drôle pareil, des éclaboussures dont il n'y avait pas lieu de se lécher les doigts. Ah ! ma pauvre tante eut une frayeur comme elle n'en avait eu de sa vie et le pauvre Bernard perdit le fil du discours qu'il avait si bien commencé ! Il blasphémait comme un païen, tandis que la pauvre femme criait, à genoux :

— Grâce ! grâce, monseigneur !

Un dernier coup de tonnerre lui répondit. La lune, devant cette concurrence déloyale et tout à fait indigne, s'était cachée derrière un nuage. Les deux amants, dans une obscurité complète, gagnèrent comme ils purent la porte basse de la salle. En voulant se sauver, Thomas se coiffa précipitamment de son béret et passa un moment bien désagréable. L'aventure fit tellement rire à ses dépens qu'il dut quitter le pays, ce qui laissa le champ libre à Bernard. Celui-ci, que je n'ai pas personnellement connu, épousa ma tante six mois après. Il était tout à fait temps. Car il paraît que mon futur oncle avait plus causé qu'on ne le croyait, au clair de lune, avant que le faux chevalier interrompît son discours.

Et maintenant, toutes mes excuses, mesdames. Je vous promets que ma prochaine histoire sera une belle histoire d'amour.

# BONTÉ ROYALE

## BONTÉ ROYALE

### I

En ce temps-là vivait à Moret, dans la plus belle maison du pays, et si belle qu'il n'était, à vingt lieues à la ronde, vilain qui en eût une pareille, l'ancien drapier Guillaume que nous appellerons d'abord de son simple prénom, pour ne nous pas fâcher tout de suite avec sa mémoire. Ce Guillaume avait vraiment gagné à Paris beaucoup d'argent, en vendant de ces solides tissus berrichons dont plusieurs générations s'habillaient à la file sans que le vêtement qui en était fait changeât, tant il était de sempiternelle et résistante étoffe. Aussi jouissait-il dans le quartier des Haudriettes d'une considération qu'atteignait et compromettait seulement le ridicule nom de famille qui lui était venu de ses parents. Il ne l'avait pas plutôt écrit, au début de son commerce, sur son enseigne que les quolibets avaient commencé et que les voisins avaient accommodé ce nom malencontreux en mille méchantes railleries. Cela avait suffi à Guillaume pour que, aussitôt fortune faite, il se retirât en quelque campagne où la malice lutécienne ne le poursuivît pas. Aussi s'était-il installé non loin de Melun, dont les anguilles étaient déjà célèbres, dans le délicieux paysage que connaissent tous les excursionnistes dominicaux des environs de Paris, près de l'admirable forêt qui semble, en cette saison, une immense armure rouillée, l'armure de quelque chevalier géant dont les loups ont dévoré la chair, et dans le voisinage de cette jolie rivière du Loing dont les eaux semblent filtrées par un invisible réseau d'argent qui y laisserait des paillettes. Ce n'était pas, au moins, que l'ancien drapier fût le moins du monde épris de la nature ; mais il avait trouvé là, sur l'indication d'amis, une demeure quasi seigneuriale abandonnée, où il avait installé cyniquement, étalé sa roture, aïeul direct des abominables bourgeois d'aujourd'hui qui sont orgueilleux, gonflés d'eux-mêmes et malveillants au pauvre monde comme si quelque droit au respect leur venait d'ailleurs que de leurs écus !

Ce Guillaume n'était donc pas plus intéressant

qu'il ne convient. Un marchand enrichi, voilà tout, c'est-à-dire ayant vraisemblablement volé plus adroitement que les autres. Mais sa femme Thérèse méritait davantage qu'on lui prêtât attention. Plus jeune que lui de vingt ans et en ayant, au plus, trente, c'était bien la créature la plus tentante que le démon eût pu mettre autrefois sur le chemin de saint Antoine, toute en belle chair savoureuse, avec de jolis traits malins au visage, lequel était comme ombragé d'une magnifique chevelure blonde, avec des seins rondelets et durs qu'on eût dit arrondis dans l'ivoire, avec une belle manière de croupe, laquelle évoquait un monde de voluptueuses pensées, de belle humeur avec cela, âme d'enfant dans un corps de femme, ce que je connais au monde de plus délicieux. Elle était charmante à voir, dans cette retraite provinciale, descendue, dès le matin, au jardin dont elle humait les roses comme une chatte gourmande, son joli nez tirebouchonnant dans la rosée parfumée, ou bien rassemblant en bouquet des lys aux hautes tiges, des iris au velours violet, des hémérocalles aux blancheurs mates et comme vivantes, dont elle promenait ensuite la gerbe, moissonneuse de plaisirs dans le rude chemin de la vie. Quelquefois encore sortait-elle et allait-elle à proximité de la forêt, se détachant en silhouette, comme une statue d'ombre, sur le fond d'or du soir, baignée alors d'une féerique lumière qui semblait flamber seulement aux contours comme une petite traînée de poudre allumée par le caprice d'un follet. Sa démarche était alors pleine d'une majesté native et souveraine, et il eût fallu être d'un optimisme impertinent pour oser dire qu'une telle créature eût été sagement faite pour les légitimes plaisirs d'un simple marchand de drap. Au reste, Guillaume lui-même n'en était sans doute pas convaincu, puisqu'il était, dans ces plaisirs-là, d'une discrétion dont la dame lui savait, au fond, gré, n'usant de ce trésor que juste autant qu'il fallait pour que la serrure ne s'en rouillât pas tout à fait. Et madame Guillaume en avait pris vaillamment son parti, tout en lui demeurant fidèle, pour ce que son orgueil se fût mal accommodé de la cour que les confrères en draperie de son mari auraient pu lui faire au quartier des Haudriettes, et pour ce encore que leurs nouveaux voisins, à Moret, étaient des bergers et des laboureurs, ne s'entendant guère à conter fleurette aux dames de quelque élégance. Avec une vertu incontestable, elle demeurait donc occupée des mille riens exquis que la vie campagnarde comporte pour quiconque aime les animaux et les fleurs, tout ce qu'il y a, au fond, de meilleur dans la vie.

## II

Or le roi Louis XII, si j'ai bonne mémoire, jeune alors et de fort aimables façons, chassait, ce jour-là, dans la forêt, en magnifique équipage, massacrant, au son du cor et dans le vacarme des chiens, beaucoup de gibier innocent, ce dont madame Guillaume, qui avait l'âme tendre, était toute attristée, ayant vu passer, dans le chemin, des biches blessées qui pleuraient, en ponctuant de gouttes de sang la poussière blanche. Et elle se demandait, avec une philosophie qui est la mienne, si, quand l'homme n'est pas bête, il est inévitablement méchant, ce qui rend bien incommode le choix d'un compagnon dans cette vallée de larmes. Donc la chevauchée avait passé de bon matin, le roi ayant couché, cette nuit-là, dans sa bonne ville de Melun et entendu la messe à Saint-Aspais, dans le brouillard rose que semblaient fouetter les crinières endiablées des chevaux, écrasant les menues branches qui criaient, secouant un vacarme de cuivre tout le long de sa route. Puis le bruit avait été s'éteignant, soudain ranimé par intermittences, comme si un flux le ramenait, après que le reflux l'eut emporté, n'étant plus quelquefois qu'un murmure, dans la forêt, mêlé à celui des feuilles, se réveillant parfois soudain dans un éclat de cor que l'écho répétait jusqu'aux rives de la Seine. Cependant, vers les trois heures de l'après-midi, le ciel, qui avait été fort beau jusque-là, se couvrit de nuées, l'horizon se mit à rouler des vagues sombres que bientôt frangèrent des éclairs, cependant que le tonnerre essayait ses premiers rugissements, comme un jeune lion dont la puberté délie la voix. Cette draperie de ténèbres, éclairée par des sillons de feu, se tendit plus uniforme, d'un ton d'ardoise, et plus avant, sur le ciel, l'azur n'y étant plus qu'une lame s'amincissant, une ligne perceptible à peine et rapidement disparue. En même temps les coups de foudre succédaient de plus en plus rapidement aux éclairs, indiquant que l'orage se rapprochait, et les premières gouttes larges d'une pluie bientôt torrentielle firent des ronds de plus en plus pressés sur le sable.

Madame Guillaume, qui était très peureuse de l'orage, avait fermé tous les volets de sa maison et s'était réfugiée dans la pièce la plus obscure, où elle marmottait des patenôtres, cependant que son mari se lamentait sur les dégâts coûteux qu'allait subir son jardin, quand un coup violent fut frappé à la porte, en même temps qu'une voix impatiente criait : « Au nom du roi, ouvrez ! »

Et c'était bien vraiment le roi qui, surpris, en pleine chasse, par cette bourrasque, séparé de ses compagnons essoufflant leurs montures pour gagner un village, ou s'abritant de leur mieux sous l'épaisseur, bientôt trahie, des frondaisons, était arrivé d'un temps de galop jusqu'à Moret et, ayant aperçu la belle maison du drapier Guillaume, y venait demander un asile. Vous pensez si l'ancien marchand, orgueilleux et servile, accueillit avec joie un pareil hôte. Il faillit se confondre en platitudes, tout en laissant le roi devant la porte. Mais celui-ci ne l'écouta pas et, le repoussant doucement, commença par se mettre à l'abri. Madame Guillaume aussi, surmontant ses terreurs et interrompant sa prière, avait accouru à ce bruit. Elle était toute honteuse devant un si grand personnage et sa rougeur donnait à ses belles chairs transparentes de vraie blonde un éclat qui rehaussait encore le charme de son visage, son noble sein battait très fort sous son corsage, comme si une colombe aux ailes ouvertes eût été enfermée dans son corset.

Et le roi Louis XII, dont le manteau ruisselant avait été emporté devant une flambée, soudain ragaillardi par une telle vue, prenait un visible plaisir à contempler cette belle créature dont le sourire vaincu lui mettait une espérance vague au cœur. Durant ce temps, Guillaume s'empressait, en bourdonnant comme une grosse mouche, se heurtant aux murs, bousculant les meubles dans son comique empressement. Parbleu ! Sa Majesté, pour lui faire honneur jusqu'au bout, accepterait bien un ou deux verres d'un vieux vin bourguignon qui lui venait de provenance sûre et qu'il avait caché dans un coin de sa cave ? Le temps de desceller quelques pierres seulement ! Du reste, l'orage continuait à sévir et il faudrait bien au doux monarque attendre encore quelque temps. Et celui-ci ne disait pas non, l'idée de se trouver quelques instants seul avec madame Guillaume ne lui déplaisant en rien. « J'y cours ! s'écria le pétulant drapier. Vite ! ma femme, une lumière et servez, de votre mieux, compagnie à notre roi... » Puis, s'adressant à Louis en personne : « Vous l'excuserez si elle est un peu simple dans son esprit et dans ses discours. Mais c'est tout de même une femme de bien. » Et il s'enfonça dans la cave, une pioche sur le dos.

### III

Ton ! ton ! tontaine ! tonton ! Il s'en va temps de donner l'hallali à l'honneur du drapier Guillaume.

Thérèse, qui n'avait pas mis longtemps à deviner ce qu'on attendait d'elle, ne le fut pas davantage à l'accorder. Avec une grâce reconnaissante, elle se prêta au caprice royal, touchée d'un tel honneur et aussi de la timidité charmante avec laquelle lui avait été demandée une faveur qu'on aurait pu exiger. Mais le roi était vraiment épris, pour un instant au moins, de cette délicieuse femme qui savait si bien se donner, ce que beaucoup de femmes, moins innocentes, auraient besoin d'apprendre. Car c'est pour cela surtout qu'il existe vraiment un moment psychologique et celles qui l'ont laissé passer, en lassant le désir pour le mieux aviver, sont, à mon avis, de maîtresses sottes. Madame Guillaume n'avait pas été si bête. Ce n'est pas tous les jours qu'une femme de drapier trouve l'occasion de coucher avec un roi, dans le fantastique décor d'un orage, avec, pour épithalame, la colère mugissante du vent dans la feuillée et les grondements éperdus du tonnerre. Dans ce grand émoi des choses, se réfugier dans un émoi plus grand encore de l'âme, celui qui nous vient de sentir des formes palpitantes et adorées dans nos bras, un être à nous dont nos baisers dévorent la bouche, le parfum d'une chevelure, la caresse de lèvres ardentes, ce même besoin d'infini s'ouvrant comme un abîme et dans un cœur qui bat sous votre cœur, n'est certainement pas une bêtise, et le roi Louis XII, ce jour-là au moins, montra quelque esprit. Il eut jusqu'à trois reparties heureuses, pendant le quart d'heure que Guillaume demeura absent. C'est que ces mots de la fin ne se trouvent pas toujours avec cette abondance. Jamais conteur n'avait été en si belles dispositions. Il était même un peu fatigué de ce brillant bavardage quand l'ancien drapier entra, tenant religieusement sa bouteille, comme une relique, les doigts tout filandreux de toiles d'araignée authentiques, si bien qu'ils semblaient des sarments de bois longtemps oubliés au fond d'un bûcher. Jamais réconfortant ne vint plus à point. Madame Guillaume, qui avait mérité aussi un cordial généreux, accepta un verre de vin bourguignon qui déplaça un moment, dans le sens de la hauteur, la chaleur intérieure dont elle était possédée.

— Or çà, mon ami! dit gaiement le roi au drapier, comment t'appelles-tu?

— Guillaume, sire.

— Comment! Guillaume seul? demanda le roi en fronçant le sourcil. Serais-tu bâtard?

— Non, je vous jure, sire. Malheureusement mes parents étaient bien mariés, ce qui m'a forcé à garder leur nom.

— Avaient-ils donc forfait à l'honnêteté ou à l'honneur?

— Non, sire, c'étaient bien les plus braves gens du monde, et, malgré le tour qu'ils m'ont joué, je suis bien obligé de pardonner à leur sainte mémoire.

— Alors, pourquoi ne veux-tu pas me dire ton nom?

— Sire, parce qu'il fait s'esclaffer de rire à mon nez tous ceux qui l'entendent, et que, de la part de Votre Majesté, cela me ferait mourir de honte à vos pieds incontinent.

— N'en fais rien, répondit le roi. Ça me gâterait ton vin.

— J'ai même, sire, une requête à vous adresser à ce sujet.

— Parle, Guillaume ! Tu m'as si bien reçu que je n'ai rien à te refuser.

— Oh ! sire, c'est trop.

— Non ! non ! Tu ne sais pas toi-même à quel point tu m'as bien reçu et combien je t'en dois de reconnaissance !

Et le bon prince regardait malignement madame Guillaume en disant cela. Et il ajouta :

— Parle donc !

— Eh bien, sire, est-ce que, par un effet de votre toute-puissance, je ne pourrais pas changer de nom ?

— Parbleu ! rien ne m'est plus facile au monde que t'octroyer cette faveur, étant gardien naturel des sceaux de tout mon royaume. Quel nom voudrais-tu prendre ?

— Sire, de préférence un nom qui rappelât mon ancien état où j'ai conquis quelque renommée.

— Parfait, j'ai compris. Veux-tu un titre avec ?

— Non, non, sire ! Tous ceux qui savent ma vilenie originelle se moqueraient de moi.

— Veux-tu tout au moins la particule ?

— Non, sire, ce serait encore trop.

— Il faut cependant que j'ajoute quelque chose au nom que je te donnerai, que diable ! Un souvenir de ma bienveillance royale à ton endroit. Puisque tu trouves la particule de trop, une simple cédille te suffirait-elle ?

— Venant de vous, monseigneur, tout me sera précieux.

— Bien! bien! un nom rappelant ton ancien état et anobli par une simple cédille. J'ai ton affaire. Dans mes bras, mon fidèle Coçu!

Le brave homme, tout en subissant l'étreinte royale, gonflé d'un tel orgueil qu'il en faillit éclater, murmura à l'oreille du roi :

— Sire, j'étais drapier de mon état et je m'appelais Belestrong.

# LE LÉOPARD

## LE LÉOPARD

### I

Je ne voudrais pas, pour cela, qu'on me crût, le moins du monde, d'humeur légère en amour. Au contraire. J'eus autrefois le caniche Munito pour professeur de dominos et de fidélité. Seulement il est une de ces choses qu'il m'apprit mieux que l'autre et c'étaient, je crois, les dominos. Enfin, en voyage, on ne peut pas se condamner à un rigoureux célibat. Les Russes, qui viennent toujours en France sans leurs épouses, ont un proverbe charmant à ce sujet. Ils disent qu'amener sa femme à Paris, c'est emporter son samovar à Moscou ! Je n'avais pas emporté mon samovar et j'étais allé à Bruxelles, non pas à Moscou. J'y avais dîné de merveilleuses grives ardennaises revenues à la casserole de terre, et mitraillées de petits grains de genièvre, un mets qui pousse aux plus aimables passions et que je vous recommande arrosé d'un bourgogne comme on n'en trouvait plus qu'en Belgique avant la miraculeuse année qui va nous rendre enfin d'authentiques chambertins et des pomards de réelle noblesse. Mais voilà bien des circonstances atténuantes à l'aventure la plus simple du monde. N'est-il pas naturel d'ailleurs et bien entendu de rechercher, en voyage, la couleur locale? Elle était grande, blonde, de chair merveilleusement blanche et semblait descendue d'un tableau de Rubens. Pure Flamande avec des yeux aux paupières pareilles à des pétales de rose et où la prunelle semble un beau scarabée bleu dans le calice d'une fleur. Celle-là pouvait dire qu'aucune goutte de sang espagnol n'avait profané les patriotiques veines de ses ancêtres. Elle était occidentale des pieds à la tête, comme la neige, comme le myosotis. Quand je lui demandai la permission de causer avec elle, — elle avait été ma voisine au restaurant, — elle ne s'était pas méprise un instant sur le genre de conversation que je sollicitais d'elle. Cette absence de fausse innocence me charme toujours. Rien ne m'humilie comme des bécasses qui font semblant de ne pas comprendre et de croire qu'on les a recherchées pour le charme de leur conversation. Trouver l'esprit de Scholl dans le lit d'une belle fille (sans que Scholl lui-même y fût, bien entendu) serait certainement une surprise charmante. Seulement, c'est la chose la plus invraisemblable du monde. Il y a d'ailleurs des moments où pour deux sous de fesses on donnerait tout le génie de madame de Sévigné.

Celle-là en avait bien (pas du génie) pour dix mille francs. Ah! la copieuse personne et dont j'avais bien deviné l'abondance naturelle sous le mensonge des vêtements! Elle était positivement débordante de gaieté charnelle. Je ne pouvais que m'applaudir de mon choix. Les vrais savants, les astronomes expérimentés pressentent la lune même sous le voile des éclipses totales. Très complaisamment, tout en se dépouillant de ses vains ornements, elle avait étalé devant moi les trésors de cette croupe confortable, « musicienne du silence », comme l'a dit un poète exquis de la sainte Cécile d'un vitrail. Tout à coup, quand elle se retourna, je ne pus retenir un petit cri, un tout petit « ah! » qui me vint sur les lèvres.

Vous savez tous l'horreur de ce chasseur qui, venu pour tuer des perdreaux et des lièvres, entendit crier tout à coup, dans le silence des fourrés où les rabatteurs s'escrimaient : « Au lion! » et qui faillit en mourir de peur. Eh bien! moi qui, non plus, n'étais pas venu là pour chasser une aussi grosse bête, j'eus un moment d'épouvante en apercevant un léopard dessiné par la nature sur le ventre de ma nouvelle amie, mais un léopard avec sa fourrure mouchetée, non pas avec du poil de souris comme en sont habituellement hérissés ces signes originels.

Elle vit mon étonnement et son sourire plein de bienveillance me rassura.

— C'est que je suis née à Halls, me dit-elle, l'année de la ménagerie.

Et la vieille et authentique histoire que m'avait racontée autrefois mon ami Franz Servais, me revenant en mémoire, je repris tout à fait ma sérénité. Je caressai même doucement, de la main, le léopard, comme l'eût pu faire autrefois mon aïeul Orphée, le grand charmeur de fauves. Et je me promis de vous conter à vous-mêmes, après avoir mieux employé mon temps toutefois, ce curieux épisode dans la légende intime d'une des cités les plus tranquilles que j'aie connues jamais.

## II

Donc, il y a une vingtaine d'années, plus peut-être, la petite ville de Halls était toute en rumeur. C'était la veille de la fête patronale et les cloches sonnaient à toute volée, au clocher de la jolie église possédant une Vierge miraculeuse qui fait retrouver les objets non comestibles avalés par les maladroits, tels que couteaux, fourchettes, dés à coudre, pipes en terre, etc. Ne croyez pas que je plaisante ! C'est une spécialité de cette madone belge et on montre dans la sacristie, en manière d'ex-voto, une foule de menus objets ainsi rendus, après une déglutition douloureuse, par l'intervention de cette Vierge spécialiste. Je me suis même laissé raconter qu'une fois l'an les vrais dévots étaient admis à baiser les reliques. Est-ce que cela vous mettrait en appétit? Moi, non ! Mais je poursuis mon récit. Une foule de baladins étaient déjà installés sur la place et le long des avenues de hauts peupliers qui bordent la ville. Mais la vraie curiosité, le *great attraction*, devait être une ménagerie — spectacle absolument inconnu à Halls — composée de fauves, de singes, d'oiseaux de proie, sans oublier une girafe et un éléphant, l'ordinaire menu de ces institutions foraines dont les promoteurs deviennent fort riches souvent, jardins des plantes en miniature où les bêtes ne sont pas plus mal installées que dans notre honteux Jardin des Plantes national, que laissent si loin les beaux établissements zoologiques d'Amsterdam, d'Amiens, de Francfort, de toutes les villes, en un mot, vraiment civilisées.

On avait bu beaucoup de faro et pas mal de lambic, à la santé de la fête du lendemain, dans les petites tavernes à la Téniers devant lesquelles quelques vieux jouaient aux boules, cependant que les jeunes gens tournaient autour des baraques fermées, avec leurs promises au bras. Le propriétaire de la ménagerie et ses employés avaient, sans doute, accepté un nombre considérable de consommations de la part des hospitaliers Hallois. Toujours est-il qu'un oubli grave des devoirs professionnels les plus élémentaires signala, pour eux, cette belle soirée. Ils avaient simplement oublié de fermer la cage centrale qui avait été mise en communication avec toutes les autres à la répétition générale des exercices.

Le lendemain, à la première heure, sous une aube rose où la brise fraîche semblait aiguiser ses flèches à l'horizon sur une branche de corail, la laitière Van de Putte confia à sa voisine la charcutière Van de Vess qu'en faisant sa tournée elle venait de rencontrer un chien d'une taille extraordinaire, ayant des cheveux comme un homme et un museau comme un chat. C'était le roi des animaux qu'elle décrivait ainsi sans l'avoir reconnu. Un moment après, madame Van de Rott, en s'agenouillant à l'église pour la première messe, disait à sa voisine de chaise, madame Van de Louff, qu'elle s'était cognée, en chemin, contre un cheval qui avait les pattes de derrière trop courtes et un cou si long qu'il devait falloir une échelle pour le brider, — portrait assez exact de la girafe dans l'imagination ignorante de cette bonne dame. Puis ce fut madame Van de Proutt qui avertit la cuisinière Van de Boom qu'un poulet phénoménal, au cou chauve et au bec crochu, venait d'enlever un lapin dans son clapier demeuré ouvert par inadvertance, — méfait d'un vautour dont l'excellente personne ignorait la description scientifique.

D'autres avaient fait des rencontres non moins surprenantes et les confidences de même nature s'échangeaient avec des commentaires pareils. Quand tout à coup le tambour municipal battit la charge par les carrefours, et le crieur public, tremblant lui-même de peur, annonça aux habitants que, par ordre de l'autorité, ils devaient demeurer chez eux, la ville étant envahie par une troupe de lions, ours, tigres, panthères et autres animaux féroces. Il fallait entendre les portes et les volets se fermer avec des claquements éperdus. Les dames se réfugiaient dans leurs caves et ce fut une occasion unique pour les pinceurs de mollets et même pour ceux qui aiment à pincer plus haut que les mollets. En même temps, un placard affiché sur toutes les places invitait les hommes de cœur à descendre dans la rue avec leurs fusils. Mais il se trouva que, dans ce pays de braconniers, personne n'eut de fusils ce jour-là. Ce que constatant avec une certaine fierté ironique, M. le bourgmestre Van Scharibott (à moins qu'il ne s'appelât autrement) se décida à télégraphier au ministère de la guerre, à Bruxelles, pour solliciter l'envoi d'un petit corps d'armée. Immédiatement, un régiment tout entier de grenadiers dit adieu à ses femmes et à ses petits enfants, puis se mit en route, accompagné d'une batterie d'artillerie que des épouses en deuil et des progénitures éplorées suivirent un bout de chemin. Le ministre de la guerre avait prescrit qu'on emportât pour huit jours de vivres, mais l'intendance belge était, en ce temps-là, comme on dit, à l'instar de la nôtre, et les provisions arrivèrent juste trois jours après le départ des troupes.

### III

Quand celles-ci arrivèrent à Halls vers la fin du jour où tant d'honnêtes dames avaient été effrayées, l'ordre régnait et la sécurité était revenue. Le pro-

priétaire de la ménagerie, après avoir rassuré
M. le bourgmestre, avait fait sonner l'heure du
déjeuner aux animaux, et ceux-ci, exacts comme
des employés des contributions directes à une table
d'hôte provinciale, étaient tous arrivés se constituer
prisonniers et échanger leur liberté contre la pitance habituelle. Seul, un renard qui avait trouvé
un poulailler ouvert manquait à l'appel. M. le bourgmestre remercia vivement le commandant de
l'armée de secours de l'empressement qu'il avait
mis à venir défendre sa bonne ville. Mais celui-ci
lui montra un ordre de séjour d'une semaine dans
la ville investie, et aux frais de l'habitant, puisque
les vivres n'étaient pas arrivés à temps. Le régiment de grenadiers et la batterie d'artillerie commencèrent donc de s'installer chez les bourgeois,
avec de gros appétits qu'ils avaient contractés dans
leur promenade militaire. Halls fut tout simplement ruiné par ses inutiles défenseurs. De plus,
ceux-ci, n'ayant rien à faire, mirent à mal, avec un
entrain extraordinaire, toutes les filles du pays. Et
comme celles-ci avaient eu l'imagination très
frappée des animaux fantastiques qu'elles avaient
vus, il arriva que, par une influence du regard et
une obsession de la pensée, plusieurs accouchèrent
neuf mois après d'enfants ayant des signes zoologiques sur la peau, qui un lion, qui un tigre, qui un
éléphant... Moi, celle que j'aimais avait été marquée
au sceau d'un léopard. Je ne l'en trouvai pas de
fréquentation moins agréable. On se fait des illusions sur le péril que comporte le domptage des
fauves. Je vous assure que l'on exagère beaucoup.

### ERREUR N'EST PAS COMPTE

# ERREUR N'EST PAS COMPTE

*A Danbé.*

I

La jolie petite église de Saint-Savin, pendue à une des collines qui dominent l'admirable cirque d'Argelès, faisait tinter à toutes volées les cloches que recèle son triple carré d'ardoises étincelantes au soleil, et, tandis que les corneilles effarouchées voletaient tout autour, ponctuant d'accents circonflexes la page bleue du ciel, l'âme du vieil orgue foudroyé accroché encore, comme une immense araignée, aux murailles intérieures, semblait s'être réveillée pour accompagner les épithalames. Derrière le chœur, la légende du saint qui parcourut, sur terre, les cycles de l'Enfer, souriait, comme aux feuillets d'un missel ouvert, dans son encadrement d'or pâli. Il y avait grande rumeur dans sa petite sacristie, où de si curieux fûts de colonne grimacent au sommet, gothiquement monstrueux. M. le curé revêtait, pour la circonstance, ses plus beaux habits, surplis brodé et chasuble aux étincellements de moire blanche, et les enfants de chœur, aux souliers bien cirés, babillaient comme des oiseaux rouges tout en faisant reluire l'argent des ostensoirs. Et un grand air de fête était dans le temple modeste qui longtemps fut le cœur d'une citadelle redoutable épouvantant, de sa grande ombre, la campagne nocturne, quand la lune la baignait de ses blanches clartés.

Eh bien! toutes ces splendeurs destinées au mariage religieux de deux enfants du pays, Martin Papoul et Paule Minerve, des familles relativement cossues dans un des villages les plus pauvres que j'aie connus, allaient être inutiles de par une fantaisie du destin. La cérémonie civile venait cependant de s'achever au contentement de tout le monde. Après avoir uni les époux, M. le maire les avait engagés à croître et à multiplier et Martin Papoul se sentait déjà croître en dedans, rien qu'à la pensée de multiplier le soir même. Les coureurs du pays, qui ont une grande réputation, attendaient le signal sur la place pour donner une récréation sportive aux gens de la noce, et les baladins célèbres, vêtus de blanc avec des bretelles multicolores, s'apprêtaient aux danses bizarres et agrestes dont la tradition remonte, paraît-il, à Charlemagne lui-même, quand l'arrivée du gendarme Pepoli, de la brigade de Pierrefite, jeta un froid dans l'assemblée. D'aucuns, qui avaient de menues peccadilles sur la conscience, commencèrent à trembler comme des feuilles automnales. « Le nommé Paul Minerve ? » dit d'une grosse voix le brigadier. Tout le monde éclata de rire. Martin Papoul s'avança vers le militaire et lui dit : « Vous vous trompez, mon brave. Paule Minerve est une demoiselle, ou du moins en était une tout à l'heure. Et la preuve, c'est que je viens de l'épouser. — Tout cela m'est égal, fit le gendarme. J'ai ordre d'arrêter pour insubordination au service militaire un nommé Paul Minerve, qui est ici, et je n'en démordrai pas. » M. le maire intervint : « Représentant de la loi, dit-il, regardez bien cette jeune fille, la seule personne dont le nom réponde à celui que vous prononcez, et vous vous convaincrez de votre erreur. » Pepoli s'approcha de la pauvre mariée toute rouge et semblant une pivoine plantée dans un grand cornet de papier blanc. Avec un sourire de satisfaction féroce, il constata qu'elle avait, au-dessus de la lèvre supérieure, un semblant de duvet, un frisson de velours sombre. « On ne me met pas dedans, fit-il. Voilà un gaillard qui joue tout simplement la comédie pour ne pas faire ses vingt-huit jours ! Au reste, nous allons bien voir tout de suite... — Ah çà ! mais... monsieur le gendarme ! s'écria Martin Papoul furieux, vous allez laisser les jupons de ma femme tranquilles !

— Le fait est, dit sentencieusement le soldat en ramenant ses deux lourdes mains le long de ses cuisses, qu'étant donné le sexe du bourgeois, cela pourrait me faire une fâcheuse réputation. Je me contenterai de prier monsieur de montrer son acte de naissance. — Ça, tout de suite ! répondit le maire; les pièces sont encore jointes au dossier des mariés ! » Et il rentra dans la mairie, en maugréant contre la stupidité du gendarme. Il en revint, l'acte de naissance demandé à la main, mais pâle comme un mort et soutenant à grand'peine ses lunettes sur son nez frémissant. Il venait de le lire, en effet, ce qu'il avait totalement oublié de faire avant d'unir les époux, et, à sa stupéfaction complète, la jeune épousée était, par suite d'une erreur de son collègue de Lourdes où elle était née, inscrite avec la mention du sexe *masculin*, ce dont personne ne s'était encore aperçu.

Ah! ne me dites pas que cela est impossible ! Car je vous citerais des textes. La *Dépêche* du 7 courant apprenait à ses lecteurs méridionaux que la demoiselle Lanore, née le 15 février 1870 à Saint-Nicolas de la Grave, avait été victime d'une erreur pareille, et rappelait le cas tout pareil de mademoiselle Zénobie Pagès, née le 16 octobre 1872, à Caylus, et aussi celui d'une demoiselle de Monclar (Lot-et-Garonne), figurant sur les registres de la commune de Folliet comme citoyen. C'est une fâcheuse habitude qu'ont nos maires languedociens. On n'est pas parfait, après tout, et voilà ce qui ne m'empêchera pas d'aimer cette patrie du soleil et de la vigne où mes pères, plus intelligents que moi, sont nés.

## II

C'est le gendarme Pepoli qui en fit une rigolade après cette constatation. « Ah ! mon gaillard, fit-il à Martin Papoul, tu ne voulais pas que ta prétendue femme m'en montrât long comme ça ! Eh bien, elle passera toute nue au conseil de révision devant un tas de messieurs. — Je ne le souffrirai pas ! s'écria Papoul. — Mon ami, il faut se soumettre à la loi, répondit, avec une résignation presque blessante pour lui, Paule Minerve en se frottant les yeux pour se donner l'air de pleurer. — En avant... arche ! fit le gendarme d'un air crâne. Voilà trois mois qu'on vous cherche, mon gaillard, et votre affaire est bonne. Ça n'est plus vingt-huit jours que vous ferez. Oui ! je t'en fiche ! mais vous commencerez tout de même par là. — Mais je vais faire rectifier l'acte de naissance ! » s'écria le maire indigné. M. le curé qui, tout en chasuble, était sorti de l'église, attiré par le vacarme, homme prudent et qui en savait plus, à lui tout seul, que le village tout entier, lui répliqua, sur un ton de scepticisme où perçait le regret des privilèges sacerdotaux d'autrefois : « Vous avez raison, monsieur le maire, mais avec les lenteurs administratives contemporaines vous en avez au moins pour six mois et ce brave gendarme ne consentira jamais à attendre jusque-là. — Ça, je vous en fous mon billet ! reprit assez malhonnêtement Pepoli. Demain nous serons à Pau.

La route est magnifique et ça promènera mon cheval. »

Ah! les adieux furent déchirants. « Je suivrai ma femme! s'écria Papoul, hors de lui. — A votre aise, mon garçon, si ma conversation vous intéresse, répondit Pandore en retroussant sa moustache. Mais on ne vous laissera pas entrer à la caserne, je vous en réponds. — Sapristi! laissez-moi, au moins, un quart d'heure pour couronner mon mariage. — Cochon! fit sévèrement Pepoli. C'est du propre! — Mon pauvre ami, dit le maire, votre mariage est nul maintenant jusqu'à rectification de l'acte. — Mon pauvre enfant, ajouta le curé, vous n'êtes même pas marié selon la loi, ce qui est pourtant bien peu de chose, le vrai mariage ne se faisant que devant Dieu. — Mais c'est à perdre la tête! hurla le malheureux époux. J'ai dit que je suivrais ma femme partout. Eh bien! je la suivrai. » Et, ayant planté son béret de laine moussue sur sa tête ruisselante de sueur, il adressa à ses compatriotes un adieu plus désespéré encore que les autres. Une heure après, le calme était revenu sur la place Saint-Savin, mais on parlait ferme de l'aventure, sous les auvents à l'espagnole qui continuent les maisons en avant et que soutiennent des piliers de bois vermoulus, et sur lesquels les étages supérieurs semblent accrochés comme des nids d'hirondelles. M. le curé avait retiré mélancoliquement ses beaux habits, les enfants de chœur avaient retiré leurs souliers cirés pour des espadrilles et le bedeau buvait un verre de Piquepoule, délicieux petit vin blanc du pays, pour se consoler d'un vrai désastre financier. Et les cloches ne tintaient plus dans leur triple étui d'ardoises étincelantes au soleil, et les corneilles s'étaient blotties de nouveau aux angles, en grappes noires d'où sortait comme un ironique ricanement. Au pied de la colline, la route d'Argelès à Pierrefite était comme un ruban d'un jaune pâle et, dans les premières buées du soir, rousses et comme ensanglantées du soleil couchant, Argelès accrochait encore, aux vitres incendiées, des lumières rouges, d'obliques reflets de clarté.

### III

M. le curé n'avait pas eu tort tout à fait. Il fallait une procédure administrative du diable pour reconstituer l'état civil de madame Martin Papoul. Mais rien ne prouve qu'au temps où les messieurs prêtres mariaient seuls, les choses allassent plus rapidement. Le conseil de révision avait bien constaté l'erreur. Mais quoi? ça ne complétait pas l'effectif du régiment. Le major avait d'ailleurs fait observer que le fusilier Minerve avait peut-être été l'objet d'une de ces métamorphoses que causent quelquefois, paraît-il, les grands orages. *Quid, alors?* Il n'y avait pas erreur et l'ancien jeune homme devait, comme un autre, le service. Le colonel qui, lui, n'était pas une vieille ganache, trouva un terrain de conciliation. Il autorisa Papoul à faire, par procuration, le service militaire de sa femme. Ainsi la galanterie due, au moins provisoirement, à une personne dont le beau sexe avait été officiellement constaté, était sauvegardée et la patrie n'avait pas un soldat de moins. Pendant que son mari faisait l'exercice, Paule se promenait par la ville et les godelureaux lui faisaient la cour, car elle était charmante, malgré la petite moustache naissante qui avait causé une si grande joie au gendarme Pepoli. Une de ces admirables brunes à la peau veloutée où courent des lumières d'ambre, d'obscures coulées de soleil, aux cheveux qui semblent teints avec le sang noir des mûres, tant la nuit en est vivante et parfumée. Ah! cela est en train de finir d'une façon bien inattendue, en attendant la rectification de l'acte de naissance, laquelle a déjà fait noircir plus de trois rames de papier administratif. Maître Papoul a pris un goût furieux au métier militaire et Paule Minerve adore la ville et les godelureaux qui lui font la cour. Le mariage sera-t-il redevenu valable, la rectification faite, *ipso facto*? Ce sera encore l'objet d'une jurisprudence très lente. Aucun, du reste, des deux ne le souhaite. Au contraire, puisque chacun est content de son état.

Si donc vous rencontrez, sur l'admirable terrasse de Pau, une très coquette personne qui vous sourira d'une engageante façon, et, dans les environs de la caserne, un soldat faisant reluire avec véhémence son fourniment, vous vous direz que ces deux enfants de Saint-Savin ne reverront jamais, peut-être, le village natal aux toits d'un bleu sombre, au clocher à triple collet, aux maisons pendues comme des nids d'hirondelles au-dessus de piliers de bois vermoulus.

**LOTHAIRE**

# LOTHAIRE

### I

Mon ami Briquedouille fit un saut sur son siège, en lisant tout haut, dans le journal : « Le sculpteur Lothaire est mort hier... »

— Tu le connaissais donc? lui demandai-je.
— Ah ! si je le connaissais !
— Tu ne m'avais jamais présenté à lui, moi qui aimais tant son talent !
— Je ne l'avais jamais vu... qu'en effigie. Et cependant je puis dire que nous avons longtemps

vécu dans une intimité auprès de laquelle celle des amis qui rompent le pain ensemble et boivent au même verre n'est que de l'indifférence. Toujours attachés l'un à l'autre, ne perdant aucune occasion de nous emboîter le pas, nous fûmes un Oreste et un Pylade incompris, un Nisus et un Euryale méconnus, des frères siamois que la science a négligés, un des phénomènes les plus curieux de ce temps, après le toupet des hommes politiques toutefois. Pareils aux premiers chrétiens qui communiaient sous les mêmes espèces...

— Assez de paraboles ! Au fait !

— Mais non. L'image est absolument juste. Nos caprices, à nous deux Lothaire, c'étaient les femmes pesant cent kilos. C'est le goût commun des dames colosses qui avait uni nos deux âmes. Tu te rappelles, je l'espère, ces beaux vers de Baudelaire :

> Du temps que la Nature, en sa verve puissante,
> Concevait, chaque jour, des enfants monstrueux,
> J'eusse aimé vivre aux pieds d'une jeune géante,
> Comme, aux pieds d'une reine, un chat voluptueux.

Ils furent la devise de ma verte jeunesse et de ma première maturité. Je les avais pris pour épigraphe de mes belles recherches anatomiques, ne démordant pas de ce programme, acharné à ce rêve, collectionnant les plus beaux échantillons de feuilles géantes de la flore parisienne. Ah ! ce n'était pas une sinécure ! Constamment, j'étais à l'affût : dès que la rumeur publique me dénonçait une jeune personne ayant défoncé un fiacre ou mis à mal un fauteuil de l'Odéon, — un métrofesse non breveté que je te recommande et qui justifie, seul, l'obstination de quelques maniaques à venir s'enrhumer au second Théâtre-Français, — j'étais sur ses traces. Je passais des journées délicieuses à voir les clientes se peser au Louvre. Le poids a cet avantage sur la forme qu'il est essentiellement loyal. J'interrogeais jusqu'aux flancs voraces des omnibus, quand j'entendais un quidam se plaindre d'être écrabouillé par sa voisine. Oh là! mon compère! vous vous plaignez de ce que la mariée est trop belle! Je me croyais un véritable monopole dans ce genre de travaux, quand il me fallut bien reconnaître qu'un intrigant, un inconnu, suivait le même filon que moi, qu'un anonyme compagnon barbotait dans mon sillage, qu'un contrefacteur de mes procédés sublimes me faisait concurrence, à moins qu'il n'en fût aussi l'inventeur. Car tu sais que les grandes découvertes de l'humanité se sont faites toujours en même temps sur différents points du globe. Je citerai la poudre. *Trahit sua quemque voluptas*, comme dit Virgile. Tous les goûts sont dans la nature. Mais c'est bien embêtant quand cette volupté-là entraîne sur la même route deux contemporains.

Ça empoisonna positivement les plus belles années de ma vie.

J'en eus le premier soupçon chez Zélie. Nous n'étions pas amants depuis deux jours qu'elle me dit : « Connais-tu Lothaire? » Et comme elle n'était pas bégueule, elle m'avoua qu'elle avait passé d'excellents moments avec ce rouleur de boulettes de glaise. Je l'aurais parfaitement oublié si, après deux heures à peine de tendresse improvisée, Fernande ne m'eût demandé à son tour : « Connais-tu Lothaire ? » Comme elle me savait peu jaloux, elle me confessa qu'il fréquentait assidûment chez elle. Pour justifier sa bonne opinion, je tirai un excellent cigare de ma poche et le posant sur la cheminée : « Tu offriras ça à Lothaire de ma part », lui dis-je. Quand je revins, Lothaire, qui ne voulait pas demeurer en reste avec moi, avait modelé une petite terre cuite à mon intention. Chez Andrée, notre intimité prit un nouveau tour. Au jour de l'an, Lothaire lui paya une boucle d'oreille et moi l'autre. Chez Margot, notre amitié revêtit une forme nouvelle. Nous avions notre carafon de cognac à nous deux, d'un petit fût dont on ne donnait pas aux autres. Chez Céleste, redoublement d'affection et de confiance réciproques. Nous meublâmes sa chambre à coucher à nous deux. Nous aimions tous les deux le pitchpin pour sa gaieté et par économie. Nous étions liés comme colibris (toujours les deux oiseaux sont par paire). A nos fêtes communes, nous nous mettions des bouquets dans les coupes de ces dames. « Combien ce Lothaire doit être heureux ! » pensais-je de lui quand je passais un bon moment. Et certainement, dans les mêmes circonstances, il murmurait : « Que ce Briquedouille a de chance ! » Car, nul doute, les choses se passaient pour lui comme pour moi. Et quand, par hasard, j'étais arrivé bon premier, c'est à lui qu'on disait : « Connais-tu Briquedouille ? » J'en étais arrivé à être furieux quand je m'apercevais qu'on le trompait. Et je suis convaincu, par tout le bien qu'on m'a dit de lui, qu'il ne me laissait pas sacrifier sans se mettre en colère

et sans éclater en reproches. Pauvre Lothaire !
Et Briquedouille avait presque des larmes dans les yeux.

— Tu ne peux mieux faire, lui dis-je, que d'aller à son enterrement.

— J'y pensais, me répondit-il, d'autant que ce sera une façon de s'assurer que c'est bien lui qui est mort. On nous confondait si bien et si souvent l'un avec l'autre ! C'est égal, ce sera une émotion bien vive pour moi.

— A quelle heure le convoi, demain ? Si je le puis, je t'accompagnerai pour te soutenir dans cette épreuve.

— A dix heures à Notre-Dame-de-Lorette et à onze à Montmartre. Brave Lothaire ! Il n'a pas voulu quitter le quartier, même après sa mort.

— Je serai là.

Et je serrai silencieusement les mains de Briquedouille. Car rien ne m'impose un mutisme respectueux comme une grande douleur.

II

Le lendemain, j'étais à dix heures, — même avant Briquedouille, — à Notre-Dame-de-Lorette. Ce Lothaire ne s'était pas embêté. Célibataire, il était demeuré relativement jeune, de mœurs, au moins, jusqu'au trépas ; fidèle à ses goûts d'ailleurs, ce qui est encore la meilleure preuve de réelle jeunesse. Beaucoup qui, dans la ferveur gourmande et gloutonne de chair des premières années viriles, ont le caprice des maîtresses copieuses et des formes débordantes, deviennent, en vieillissant, des amateurs de gracilités faites surtout pour les délices de l'esprit. Mais Lothaire avait tenu ferme. Il avait gardé la vigoureuse haine des choses et des personnes sans fondements. Aussi elles étaient toutes là, celles que Briquedouille avait aimées autrefois, en même temps que lui, Zélie, Fernande, Margot, Andrée, Céleste, etc. Mais toutes avaient vieilli et étaient devenues plus énormes encore, si bien que le saint parvis présenta, un moment, l'aspect d'un concours d'animaux gras. Ce n'était que blancheurs adipeuses, vallonnements monstrueux des corsages, déversements postérieurs aux côtés des chaises. Briquedouille, qui était enfin arrivé, contemplait d'un air navré tout ce qui avait été le ravissement de son printemps et de son été. De tout ce monde, Briquedouille compris, il ne montait que des prières de bien piètre qualité et jamais âme ne fut recommandée au Très-Haut par des personnes disqualifiées comme celle du pauvre Lothaire. Le *Dies iræ* n'en roulait pas moins furieusement aux bouches cuivrées des chantres, cependant que les bons prêtres somnolaient dans les grandes stalles du chœur et que de petits nuages d'encens couraient dans le rayonnement multicolore des vitraux.

Mais ce fut la sortie et le trajet jusqu'au cimetière qui présentèrent un spectacle étonnant...

Tous les fiacres pétaient sous la pression intérieure des grosses dames qui les emplissaient, et les chevaux qui les traînaient refusaient obstinément de gravir la rue montante qui mène au champ de repos. Quelques-unes, à pied, roulaient comme des boules en se calant malaisément sur leurs semelles plates. C'était odieux, risible et tout à fait particulier que ce spectacle pour les voluptueux.

Et Briquedouille, qui avait pris la tête du convoi, — ce bon Lothaire n'ayant aucun parent à son enterrement, parce que les familles conspuent, même après leur mort, ceux qui ont trop aimé les filles, — continuait à suivre le corps, en ayant le plus grand soin de ne pas se retourner. Mais il fallut bien s'arrêter au cimetière et se reconnaître, en se passant le goupillon qui versait sur le défunt les dernières larmes terrestres. Ce fut un échange de sourires qui ressemblaient beaucoup, chez Briquedouille, à une grimace.

A la sortie du lieu d'asile éternel, je le vis entouré de Zélie, Fernande, Margot, Andrée, Céleste, etc. Et toutes lui disaient, en l'embrassant avec une effusion douloureuse :

— Mon pauvre chéri, nous n'avons plus que toi !

# SCIENCE OCCULTE

## SCIENCE OCCULTE

I

Sans avoir positivement la renommée fâcheuse d'un sorcier, il est certain que le père Chigourde était traité, par ses compatriotes de Champignol-en-Vexin, avec une défiance respectueuse et qu'une certaine atmosphère de mystère enveloppait son harmonieux nom. Sans faire précisément de la médecine illégale, il vous propageait, en se les faisant payer, un tas de recettes contre tous les maux de l'humanité, lesquelles il avait inventées ou disait empruntées à de vieux grimoires. Il vantait les vertus des simples et il avait raison. Car il en vivait. Croyait-il, lui-même, à l'efficacité de ses drogues? Bien malin qui eût deviné ce qui se passait dans le cerveau de ce paysan madré et sous le papillotement onctueux de ses paupières rouges qu'ombrageaient des sourcils gris embroussaillés! Le fait est que, bien que madame Chigourde, sa femme, fût une personne encore avenante et que son fils Thomas fût unanimement réputé pour un brave garçon, on ne venait guère dans la maison que pour y chercher quelque consultation secrète et le père Chigourde n'était invité à aucune des réjouissances où, dans les fumées du cidre, s'exhale un parfum de fraternité. On ne le voyait jamais ni aux tables des cabarets, ni aux assemblées. Plus de terreur encore que de sympathique déférence était le coup de chapeau qu'on lui donnait sur le chemin.

Sans me porter garant de sa sincérité ordinaire en matières pharmaceutique et guérissante, je dois dire qu'il était un remède dont l'efficacité lui semblait hors de doute. Aussi l'avait-il précieusement conservé pour lui-même, sans en faire la confidence à personne. Il était de certitude absolue pour lui que, quand on était atteint de douleurs, il suffisait de coucher avec un lapin vivant pour en être promptement débarrassé. — Que les petites dames qui abhorrent cet animal se le disent, ça les consolera. — Le père Chigourde avait même composé toute une théorie scientifique sur ce simple fait d'observation personnelle. C'était plus simple que la découverte du pendule par Galilée. Le lapin vous prenaît vos douleurs pour son propre compte, comme on allège un ami d'un fardeau en le portant soi-même. Après huit jours de ce régime, le malheureux Couic (ainsi Rabelais nommait-il le lapin) était perclus de rhumatismes et tellement criblé de névralgies qu'il ne pouvait plus tenir que difficilement sur ses pattes. Dans cet état piteux, le père Chigourde n'avait garde de le conserver dans son clapier personnel, mais le revendait, sans le prévenir de rien, à un voisin qui mangeait cette gibelotte médicinale. Ce n'était pas le dernier mot de la délicatesse, mais le père Chigourde rendait en mépris, à l'humanité, ce qu'elle témoignait d'aversion silencieuse pour lui.

J'ai dit qu'il n'avait confié cet utile secret à personne. Il advint cependant que madame Chigourde se prit à être véritablement incommodée. Elle ressentait des pesanteurs dans le ventre, un malaise général, des douleurs de reins insupportables. Il eût été inhumain à un mari de ne pas soulager sa femme quand il en avait un si facile moyen. De plus, Chigourde n'aimait pas à avoir des malades chez lui, le parfait égoïste qu'il était. Il se départit donc, pour cette fois, de sa réserve habituelle, et après avoir fait jurer à sa femme qu'elle garderait le silence sur la médicamentation dont elle allait être l'objet, il alla quérir, dans sa cour, le plus joli de ses lapins, un délicieux lapin blanc aux yeux roses, et se le donna, lui-même, pour rival, dans le lit de son épouse. Une huitaine de jours après, madame Chigourde avait éprouvé un léger soulagement dans son état général, sans toutefois qu'aucun symptôme eût complètement disparu, et le petit lapin blanc était dans un état d'engourdissement qui confinait au coma. « Il est temps de lui donner un remplaçant », fit Chigourde en le prenant brutalement par les oreilles et en l'envoyant rouler sur le plancher.

Puis, l'emportant et lui donnant quelques petites tapes sur le cul pour lui rendre un semblant d'activité, il le coula à bon marché à Pétavoine, son voisin, qui ce jour-là avait du monde à dîner.

## II

Or il arriva que, comme Pétavoine, son civet vivant sur les bras, rentrait chez lui, la jolie Madeleine Bridouille passa, une énorme botte de fleurs sauvages sur l'épaule. Car c'était une bucolique enfant, pleine d'idylliques rêveries et d'héroïques aspirations. Car, autant presque que la nature, elle aimait les militaires et les admirait quand la petite garnison de la ville voisine venait évoluer autour de Champignol, saccageant un peu les prairies, mais donnant le spectacle toujours émouvant d'un semblant de bataille. Ah! Madeleine Bridouille! Si vous aviez vu ses yeux clairs aux jaspures d'émeraude pâle, sa bouche mignonne où tous les mots semblaient des défis aux baisers, sa belle chevelure d'arbre automnal aux tons fauves, ses grâces élancées et sa peau aux reflets d'argent comme l'écorce des bouleaux, son délicieux air sauvage et l'enchantement qui nimbait sa jeunesse, vous auriez compris que le pauvre Thomas Chigourde, le fils du faux sorcier, en fût amoureux comme un fou. Mais elle se moquait franchement de lui, fuyant à son approche, comme Galatée sous les saules, et jetant dans l'air de petits éclats de rire dont la délicieuse ironie lui cinglait les oreilles, encore qu'il ne la vît plus et la pût deviner à peine dans le frisson des branches. Lui, l'aimait pour le bon motif, comme on dit stupidement dans les campagnes. Or, je n'en sais pas, pour ma part, de plus mauvais.

— Oh! le joli lapin blanc! fit-elle en apercevant Pétavoine. Voulez-vous me le donner?

— Je viens de le payer un demi-écu, fit le paysan sans se compromettre en vaine galanterie.

— Le voilà, fit Madeleine en tirant sa bourse de son corsage.

Et, capricieuse comme le sont volontiers les jeunes filles, elle laissa tomber sa gerbe pour emporter le petit lapin blanc qu'elle baptisa tout de suite Thomas, pour se moquer encore un peu de l'autre.

Et Thomas — le lapin — commença de vivre une vie que Thomas — l'homme — eût souhaitée violemment pour lui-même. Car, non contente de l'embrasser sur son museau rose du matin au soir, de lui tirer les oreilles avec de patientes caresses et de lui chatouiller la queue pour lui faire faire de gracieux petits bonds, Madeleine, du soir au matin, le faisait coucher dans son lit, le réchauffant de sa propre chaleur vivante et parfumée, lui mettant la tête entre ses jolis nénés et le couvrant de baisers sur la blancheur soyeuse de son dos légèrement enroulé.

Or, pendant ce temps-là, le père Chigourde, se remémorant un retour de jeunesse, ce qu'il lui était venu une belle nuit, on ne sait comment, quelques mois auparavant, découvrait que toute la maladie de sa femme était un enfant qu'il lui avait fait et que ses prétendues douleurs étaient, tout simplement, les symptômes d'une grossesse avancée déjà. Thomas — l'homme — allait avoir un petit frère ou une petite sœur, ce qui ne comble jamais un jeune paysan de joie. Mais Thomas — l'homme — était si éperdument amoureux de Madeleine qu'il accueillit cette nouvelle avec une parfaite indifférence.

### III

C'est ici que nous entrons vraiment dans le domaine du merveilleux. La théorie du père Chigourde était-elle vraiment justifiée par les faits? Ce pouvoir mystérieux du lapin de nous enlever nos maux corporels, en s'en chargeant lui-même, victime expiatoire sinon volontaire de nos humaines infirmités, serait-il réel? Toujours est-il que Madeleine, après quelques jours de concubinat avec Thomas — le lapin — commença d'éprouver ce que madame Chigourde avait éprouvé tout d'abord, j'entends des pesanteurs dans le ventre, un malaise général et d'insupportables douleurs de reins. Etait-ce Thomas — le lapin — qui se déchargeait à son tour, sur elle, du colis douloureux dont il avait soulagé madame Chigourde? Ou bien, en fouillant dans son innocente mémoire, Madeleine eût-elle inconsciemment pu rapprocher cet accident d'une petite promenade dans le bois avec un charmant brigadier de dragons venu là en reconnaissance, il y avait déjà quelque temps ? Des deux explications, je suis prêt à croire la plus honnête, bien que le crime ne soit pas grand, à une jolie fille, d'aller marivauder, sous les noisetiers au feuillage de bronze, avec un beau garçon de son goût. D'autant que certainement personne ne les avait vus. Car, lorsque l'état fâcheux de Madeleine, dont la grossesse marchait parallèlement à celle de madame Chigourde, ne put plus être dissimulé, même par l'ampleur volontaire du déshabillé, personne n'osa formuler contre la pauvre enfant une accusation précise. Sa famille ne lui en faisait pas moins un nez!

On médit de l'humeur bavarde des femmes. Eh bien! c'est elle qui devait cependant tout sauver, j'entends l'honneur de la jeune fille et le bonheur des deux Thomas, l'homme et le lapin. Madame Chigourde ne put garder le secret que lui avait confié son mari et s'en ouvrit à madame Pétavoine qui, elle-même, le conta immédiatement à son époux. Ce fut un trait de lumière. Pétavoine se rappela alors le lapin blanc qu'il avait vendu à Madeleine. Celle-ci ne se cachait pas d'avoir couché avec. C'était Thomas — le lapin — qui avait fait le coup. Thomas — l'homme — apprit la nouvelle avec ivresse, parce qu'il lui eût été trop cruel de penser qu'il avait eu un rival plus heureux que lui. Comme Madeleine était devenue plus difficile à marier, il s'en alla tout de suite demander sa main à sa famille, qui la lui accorda avec empressement. Madeleine, enchantée d'être tirée d'un si mauvais pas par la bêtise générale, ne se moqua plus de lui et consentit. Par exemple, quand on parla de manger Thomas — le lapin — le jour du mariage, avec des oignons et des petits croûtons, Madeleine, qui avait une reconnaissance infinie à son mystérieux sauveur (comme dans *Si j'étais roi !*) s'y refusa énergiquement. Ils couchent maintenant tous les trois ensemble, elle et les deux Thomas. L'enfant est magnifique, tandis que celui de madame Chigourde a l'air d'un singe.

Quant au père Chigourde, tout Champignol-en-Vexin a jugé très sévèrement sa conduite et vous ne trouverez pas, là-bas, un meurt-de-faim qui, pour quinze centimes même, consentît à lui acheter un lapin. En revanche, il passe maintenant pour tout à fait sorcier.

# LE CHANGE

## LE CHANGE

### I

Malgré moi, en cet exil parisien qui m'a repris, je pense à l'admirable paysage de notre frontière pyrénéenne que le soleil automnal baigne encore de ses tièdes caresses. Que les montagnes doivent être belles, jaillissantes, le matin, de leur robe de vapeurs comme des vierges impatientes au sein tendu vers l'infini désir, et, le soir, reprenant leur manteau de nuées que frangent les obliques clartés du soleil couchant d'une écume d'or ; et, par les midis triomphants encore, laissant fondre dans l'air, comme dans une mer invisible, les perles de rosée encore pendues à leur col frissonnant ; par les nuits enfin où la lune allonge leurs ombres bien loin sur les chemins, cependant qu'un cliquetis de clochettes rythme la descente des troupeaux enroulant leur flanc d'une ceinture sonore ! Les eaux du Gave ont grossi aux premières pluies et leur ruban d'argent clair est moins déchiqueté par les cailloux du fond. Il semble, çà et là, où des verdures s'étaient accrochées, que des chevelures blondes de nymphes sont demeurées suspendues. Les parties boisées ont comme de fauves profondeurs de fourrures et se découpent, en masses arrondies, avec une harmonie délicieuse sur le fond bleu du ciel. Ailleurs les broussailles brûlées descendent en laves éteintes. Quelle mélancolie profonde et douce doit noyer, sous l'adieu des choses, ces sites délicieux !

Personne ne jouissait moins certainement de cette sublime et pénétrante poésie, ne s'abîmait dans un panthéisme moins délicieux que le sieur Roustonel, habitant cependant une des plus délicieuses petites villes où nous voisinons volontiers avec les Ibères, sise sur l'Adour, et au cœur même de cette nature dont je ne chante, hélas ! que de loin les lointaines magnificences. Dans ces contrées limitrophes, la chasse aux monnaies étrangères de titres insuffisants, déjà insupportable à Paris, est bien autrement assommante encore. Notre Roustonel ne voulait pas, du moins, que cet inconvénient fût sans profit. Il était le plus habile du monde, adroit comme un véritable escamoteur pour fourrer, dans le feu de la discussion, à nos compatriotes des pièces pour lesquelles le change lui avait été tout à fait favorable de l'autre côté des Pyrénées. Beau parleur, fort habile de ses mains, il n'avait pas son pareil pour vous escamoter un écu authentique et le remplacer par un moins bon, tout en criant ensuite qu'on venait de le lui donner et forçant les gens à le reprendre. Dans un pays peu industrieux, c'était une façon de gagner sa vie comme une autre. Inutile de dire que Roustonel était la terreur des magasins et des cafés qu'il emplissait de monnaies dépréciées. Plusieurs fois le commissaire de police l'avait fait venir et l'avait prévenu que cela finirait mal pour lui; mais Roustonel se moquait des fins limiers. Un jour cependant il se vit surveillé de si près, qu'après avoir écoulé ses dernières mauvaises pièces, il se jura de demeurer tranquille quelques jours.

Et, comme une bonne résolution en entraîne toujours une autre, il se décida à rentrer le soir à la maison bien plustôt que de coutume pour faire à sa femme une agréable surprise. En rêvant aux douceurs trop souvent méconnues du foyer, il arriva devant sa porte et planta la clef dans la serrure.

Il avait mal choisi son moment.

## II

Madame Roustonel, en effet, faisait moins que de ne pas l'attendre. Comptant sur trois heures encore, au moins, de solitude conjugale, elle se consolait aux bras d'un amoureux, le joli Sanchez y Vessalaroz, un jeune hidalgo qui, tout exprès, franchissait quotidiennement la frontière pour lui venir tenir compagnie. Eh! parbleu! ce compatriote du Cid Campéador aurait plus mal employé ses loisirs en faisant la contrebande. Madame Roustonel était une montagnarde accorte, avec une magnifique chevelure noire, des yeux d'un bleu sombre et tirant sur le violet, un joli type latin et les extrémités les plus fines qu'on ait vues de Dax à Bayonne où les femmes ont les plus admirables pieds qui soient au monde. Bonne enfant avec cela et tout à fait digne d'éloges en trompant cet animal de demi-faussaire qui la négligeait pour d'illicites gains.

A quel chapitre du livre d'amour qu'ils lisaient ensemble en étaient-ils, quand ce malencontreux mari fourra la clef dans la serrure de la porte d'entrée, comme je l'ai dit tout à l'heure? Je n'en sais rien, parce qu'il était de bonne heure encore. Mais Sanchez avait coutume de ne pas le fermer avant le sixième. Quant au reste de l'ouvrage, comme ils relisaient toujours les mêmes pages, il ne le connaissait pas, mais il n'en était pas curieux. Je suis comme lui, au théâtre. Je me moque absolument que le dénouement d'une pièce qui m'a amusé pendant deux ou trois actes soit mauvais ou bon. J'en ai déjà pour mon argent avant qu'elle soit terminée. Ce qui est certain, c'est que jamais lecture ne fut interrompue plus malencontreusement. Pas même le temps de glisser le signet entre les deux pages inachevées. Instinctivement madame Roustonel souffla la lumière, pendant que Sanchez qui, fort heureusement, connaissait à merveille les êtres de la chambre, se fourrait dans un placard, en maudissant la destinée. Celui-ci était à peine refermé quand Roustonel fit son entrée dans une obscurité complète. Bonne petite femme ! Couchée comme les poules ! Elle dormait déjà ! Il eût été si mal de la réveiller avant d'avoir rien à lui offrir ! Roustonel se déshabilla donc silencieusement et, sans rallumer les feux, se glissa entre ses draps, en une place si tiède qu'il pensa que sa femme venait d'en changer à l'instant pour s'enfoncer dans la ruelle. Durant cette pantomime muette, madame Roustonel se demandait avec anxiété, tout en faisant semblant de ronfler à demi, comment elle sortirait de cette délicate situation. Elle consulta son imagination d'abord, puis sa mémoire. Un conte ancien lui revint à l'esprit et elle pensa justement que les plus vieilles ruses sont encore les meilleures. Elle se réveilla donc brusquement, ou plutôt feignit de se réveiller en poussant un petit cri. « Qu'avez-vous, ma mie ? lui demanda Roustonel, assez satisfait, au fond, de pouvoir entrer en conversation. — Une épouvantable colique ! répondit-elle en geignant. — Na ! na ! ce ne sera rien, ma petite mie ! » Et Roustonel se mit à lui frictionner le ventre en faisant un petit bruit de baisers avec sa bouche, comme lorsqu'on cherche à calmer les enfants qui crient. Mais je t'en fiche ! la frictionnée continuait à se tortiller comme un ver, en se plaignant plus véhémentement encore.

« Je suis bien mal, disait-elle, et vous devriez

m'allez quérir au plus vite un remède chez le pharmacien. — Mais comment vous laisser seule ? — Allez ! allez vite. Je sens qu'il me faut droguer au plus tôt si vous ne voulez pas que je meure ! »

Roustonel chercha les allumettes, mais elles avaient disparu comme par enchantement. Alors il se revêtit comme il put, à tâtons, fort impatienté de cette aventure et ne sachant pas trop ce qu'il faisait. Toujours sans lumière, il descendit l'escalier et s'en fut chez l'apothicaire. « Qu'avez-vous à me déranger si tard ? lui demanda M. Thomas Visemon. Vous voulez profiter de l'obscurité pour me coller encore quelque mauvaise espagnole ! Allez au diable, monsieur Roustonel ! »

Fort de sa conscience, M. Roustonel se défendit avec l'accent de la vérité de cette accusation malséante et conta rapidement son cas à l'apothicaire. « Laudanum et bismuth ! » prononça sentencieusement le savant Thomas Visemon ; et il se mit à composer sa potion avec la résignation d'un homme dont le réveil n'aura pas été, du moins, sans profit.

« Partez ! Partez ! Partez vite ! » disait, pendant ce temps-là, madame Roustonel à Sanchez y Vessalaroz qui, ayant ramassé sous son bras tout ce qu'il trouvait de vêtements, se rua dans l'escalier sans demander son reste. Bon ! cette brute de Roustonel avait fermé la porte derrière lui ! Machinalement, Sanchez fouilla dans la défroque qu'il emportait. Décidément, la Providence était pour lui cette nuit-là. Une de ses clefs entrait admirablement dans la serrure. Sous l'auvent de la porte, un délicieux petit auvent en bois sculpté du quinzième siècle, il acheva sa toilette, en se dissimulant de son mieux aux regards curieux de la lune. Et puis il reprit, en courant, le chemin de la montagne, et l'aurore, en teignant de pourpre et d'or les premières nuées matinales, le vit enfonçant ses bottes dans le sol sacré, mais généralement mal entretenu, de son glorieux pays.

### III

— C'est trois francs ! fit l'apothicaire à M. Roustonel.

M. Roustonel fouilla dans la poche de son pantalon et en tira une belle pièce de cent sous.

— Ah! pas celle-là! fit M. Visemon. Je m'en doutais.

Roustonel, fort étonné, regarda. C'était une espagnole pur sang. Comment était-elle échappée à sa chasse diurne? Il s'excusa et en jeta rapidement une autre sur le bureau du pharmacien.

— Vous vous fichez décidément de moi ! lui dit celui-ci.

C'en était une autre de même provenance.

Ah! Roustonel n'y comprenait plus rien. Il réempocha une fois encore et paya une troisième fois.

— Au voleur! cria cette fois-là le pharmacien hors de lui.

C'en était une troisième.

Le commissaire de police passait justement par là et entendit le vacarme. Il entra.

— Ah ! c'est vous, citoyen Roustonel ! Je vous y pince une fois encore ! Fouillez monsieur !

Ces derniers mots s'adressaient à deux mouchards qui se précipitèrent sur Roustonel et éventrèrent ses poches. Il en tomba pour cinq ou six cents francs de monnaie prohibée.

— Pour le coup, vous ne nierez pas l'intention coupable ! s'écria-t-il. Je vous arrête !

Et il emmena Roustonel au dépôt de l'endroit, pendant que le pharmacien impayé — les pièces à conviction ayant été confisquées par le magistrat — clamait comme un putois.

En se déshabillant tristement, sous les verrous, Roustonel s'aperçut qu'il avait un pantalon ne lui appartenant pas, coupé suivant le high-life hidalgo, la culotte de Sanchez, parbleu ! Ces événements ont tellement troublé son esprit qu'il n'a pas, heureusement, encore compris. Il croit à un complot de la police. Tant mieux ! On le jugera dans huit jours. En attendant, le joli Sanchez y Vessalaroz et madame Roustonel sont infiniment heureux.

CONTE RUSSE

## CONTE RUSSE

### I

La petite Maroussia était bien la plus jolie servante de la petite ville de Kolomenskoï, à sept verstes environ de Moscou et que commença de bâtir, en 1237, une colonie fuyant devant l'invasion des Tatars, — un peu d'érudition ne messied pas — et sa maîtresse, la comtesse Vénétsianof, était assurément la plus aimable grande dame du même pays. Celle-ci avait le beau type des femmes russes du Nord, une peau de lait dans un ruissellement d'or; Maroussia, au contraire, se rapprochait davantage de la race des femmes cosaques des bords du Dniéper où semblent se mêler le sang espagnol et le sang bohême. Car les nuits d'amour sont belles là-bas en cette terre d'Ukraine que Gogol a si magnifiquement chantée. Mais pourquoi diable cette excellente dame Vénétsianof permettait-elle à l'espiègle Maroussia de fouiller dans ses toilettes anciennes et d'y choisir des rubans pour sa propre personne? Encore si elle n'y avait pris que des rubans! Mais, un jour, n'y trouva-t-elle pas une tournure, comme on en portait il y a quelques années, et son extrême jeunesse étant dénuée encore de ce qu'on appelle, en logique, le fondement, n'eut-elle pas la bizarre idée de s'en affubler un jour qu'elle allait danser en une de ces fêtes populaires qui sont si bien ce que j'ai vu, au monde, de plus poétique et de plus gai? Car l'été est admirable à Moscou et dans les environs, et le décor, qu'on s'imagine volontiers fait de neige et de givre, est un éblouissement de soleil que répercutent dans l'air, comme un bouclier renvoie des flèches, les dômes lointains de la cité sainte. Cette ruse, innocente d'ailleurs, réussit à Maroussia qui n'eut jamais autant de succès. Un attaché de la légation ottomane, en villégiature dans la contrée, le Turc Aboulifar, qui avait la nostalgie des volumineux pétards de l'Orient, tomba en arrêt, comme un chien de race, devant le faux embonpoint postérieur de Maroussia, et osa lui avouer son admiration. Mal lui en prit. La jolie fille qui abominait spécialement les fils du Coran, infiniment peu populaires en Russie, lui déclara que s'il s'obstinait dans sa cour, elle lui ferait donner une maîtresse volée par son fiancé Koukoubenko, un superbe gaillard dont les bottes enjambaient des lieues. Aboulifar se le tint pour dit et n'en demeura pas moins sur son fâcheux et malséant appétit.

Et le bal se continuait, joyeux, l'hydromel coulant à flots sur les petites tables qui en fermaient l'enceinte et ces belles chansons de là-bas où la poésie populaire est encore la seule musique s'envolaient dans la fumée des pipes et les hourras des danseurs. Et Maroussia sautait comme une petite chèvre, elle sautait si inconsidérément, qu'en se trémoussant, elle fit tourner, sans s'en apercevoir, la tournure autour de sa taille, si bien que celle-ci passa par devant sans qu'elle y prît garde. Les vieilles de là-bas ne sont pas plus bienveillantes à la jeunesse que les nôtres. On commença de chuchoter autour de la danseuse. Voyez-vous la petite sournoise qui passait pour une vertu! Savait-on seulement si c'était le brave Koukoubenko qui avait fait ce bel ouvrage? Quand Maroussia rentra chez sa maîtresse, elle avait la réputation d'une fille perdue et ne s'en doutait sûrement pas.

Elle s'en était si bien donné qu'elle dut garder la chambre et prendre du repos pendant toute la semaine qui suivit. L'excellente Vénétsianof la soigna comme sa propre enfant. La petite avait si soigneusement caché sa tournure qu'on ne s'aperçut pas du larcin dans la maison. Quand elle recommença de sortir un peu pâlie, les méchantes vieilles, l'ayant rencontrée, remarquèrent que son ventre était revenu à l'état normal. De là à supposer un accouchement clandestin, il n'y avait qu'une épaisseur de langue, et Dieu sait si ces vipères l'ont mince et bien aiguisée ! Alors, qu'était devenu l'enfant ? Une instruction sournoise, une enquête mystérieuse se fit dans les maisons voisines, par des visites inattendues et par l'espionnage des croisées. Pas la moindre trace d'enfant. Au bout d'une autre semaine, il n'était douteux pour personne que l'accouchement eût été compliqué d'un infanticide et que la maîtresse ne fût la complice de la servante. Elles seules, tout en s'étonnant de l'accueil malveillant dont elles étaient maintenant partout l'objet, ne savaient rien de ces rumeurs dont la magistrature finit par s'émouvoir. Or, on n'est pas tendre là-bas pour l'assassinat des petits enfants, et on a raison, car les filles-mères sont inexcusables de ne pas les porter à l'admirable hospice de Vospitatchny Doui, fondé en 1762 par la grande Catherine pour les victimes de ce genre d'infortune, et dont les détails philanthropiques font joliment honte à nos procédés rudimentaires encore et grossiers d'assistance publique.

Que voulez-vous ? la justice se trompe là-bas quelquefois comme ici. Au fond, on se moque de nous quand on nous dit que c'est l'Amour qui est aveugle. C'est certainement la justice, — la justice humaine s'entend, — et c'est l'Amour qui devrait tenir des balances dont l'un des plateaux, celui des courtisanes, serait plein d'or, et l'autre, celui des vraies amoureuses, plein de baisers, le plus lourd des deux, je vous le jure. Et puis, que diable ! c'est touchant, une petite fillette qui se dégonfle soudain comme un ballon et qui ne peut expliquer à personne par où est passé son vent. La servante et la maîtresse furent condamnées à plusieurs saisons de villégiature en Sibérie.

Eh bien ! et la tournure justificatrice qui aurait pu tout expliquer? Un jour, Maroussia avait eu la fâcheuse idée de la faire disparaître nuitamment par la croisée et le Turc Aboulifar, le damné Turc qui rôdait souvent dans les environs, avait confisqué la pièce à conviction pour en faire adopter l'usage dans son pays et y apporter un modèle de fabrication parisienne.

II

Maroussia avait assez bien supporté le voyage. Mais la pauvre Vénétsianof, qui était infiniment plus âgée, avait affreusement souffert de la promenade. L'aimable embonpoint qui l'avait fait apprécier de son défunt mari — au fait, vous ai-je dit qu'elle était veuve ? — avait absolument disparu. La nourriture des prisonnières n'avait rien, d'ailleurs, de fort reconstituant ; elle était remarquablement gonflante, toutefois, étant composée de farineux. Mais le cumin avec lequel se fabrique l'excellente liqueur de Riga, à laquelle on a donné, je ne sais pourquoi, dans les cafés, les armes d'Abélard, croissait avec abondance sur les chemins, et ses vertus communicatives, supérieures, au dire des dilettantes, à celles du bon anis lui-même, lequel est pourtant un rude piment à... chanter, apportaient aux souffrances des captifs un bruyant soulagement. Maroussia ne s'en faisait pas défaut et babillait comme une fauvette. C'était la gaieté de la troupe et sa voix claire réveillait quelquefois les coqs eux-mêmes, ces lanceurs de fanfares matinales à la gloire du soleil levant. D'invincibles préjugés d'éducation empêchaient sa maîtresse de se livrer à des expansions analogues. *Omnia mecum porto*, aurait-elle pu dire, à l'instar du sage antique. Mais où le portait-elle ? Elle donnait toujours l'impression d'une personne diaphane sous ses longs vêtements de deuil.

Il ne restait plus qu'une chaîne de montagnes à franchir, mais particulièrement élevée et rude. Les pauvres pèlerins étaient bien las. Les cosaques eux-mêmes, qui les conduisaient entre deux files de lances aiguës, très engourdis par le froid, étaient légèrement comateux sur leurs selles, dodelinant de la tête sous leurs bonnets d'astrakan et rêvant aux bonnes amies qu'ils avaient laissées sur les rives du Don. Madame Vénétsianof, qui n'avait jamais eu qu'une idée fixe, celle d'échapper à cette affreuse compagnie pour aller mourir tranquillement dans quelque coin de ce paysage grandiose et désolé, pensa que le moment était venu de mettre ce projet à exécution. Elle ne le confia pas à Maroussia, elle-même, mais disparut dans un col ténébreux, sous les premières ombres de la nuit. Puis elle monta, monta au hasard, se disant qu'il fallait mourir le plus près possible du ciel et de

Dieu. Considérablement allégée, par le jeûne et les privations, de son enveloppe corporelle, elle grimpa ainsi dans l'obscurité où filtrait seulement, comme d'une larme gelée, le piteux regard des étoiles. Et il lui semblait que le Dieu invoqué et les bienheureux apôtres Pierre et Paul, qui sont tenus en grande dévotion à Moscou, venaient en aide à sa détresse. Car plus elle montait, plus elle s'élevait au-dessus du niveau de la mer lointaine, plus sa course lui paraissait légère et il lui semblait que des ailes lui poussaient tout doucement aux épaules. Quand elle arriva au sommet de la montagne qu'elle avait ainsi machinalement gravie, il était heureux que tous les miroirs des eaux fussent dépolis par le givre. Car, si elle s'était vue, elle aurait certainement poussé un cri d'étonnement. Mais ce cri fut poussé par un autre que par elle, tandis qu'un homme tombait en extase à ses pieds, enfonçant ses genoux dans le profond tapis des neiges. Cet homme, c'était Aboulifar en personne, qui avait voulu tricher un Grec et qui, extradé par son pays où il s'était réfugié, avait été aussi condamné à la Sibérie pour délit de droit commun.

La vénérable Vénétsianof était devenue comme une tour de Babel, comme un véritable colosse. Oh! la physique dont je suis imbu vous dira pourquoi. Les gaz innombrables qu'elle avait emmagasinés en se gonflant de légumes secs, et que sa bonne tenue, dans un monde même mêlé, ne lui avait pas permis de chasser à temps, s'étaient dilatés en elle, par la différence de pression atmosphérique, à mesure qu'elle gagnait du terrain dans le sens de l'altitude. Tout le monde sait, en effet, que l'air est considérablement raréfié par la hauteur. Mais cet imbécile d'Aboulifar prenait ça pour de l'embonpoint naturel et de la belle santé. Malgré les sages protestations de cette magnifique personne, il osa porter une main imprudente sur ses appas. Ah ! mes amis ! une détonation terrible, accompagnée d'une poussée formidable, l'envoya rouler, sur le dos, dans une façon de précipice. Puis, plus rien. Quelle double et définitive leçon pour ceux qui s'obstinent aux femmes dodues ! Avoir été tour à tour amoureux d'une crinoline et d'un ballon ! C'est si bien l'existence de la femme de nous tromper qu'elle le fait même sans le vouloir !

# LE MALAISÉ

## LE MALAISÉ

### I

Le château des Birettes — on l'appelait encore ainsi dans le pays — était sis sur un escarpement dont le pied baignait en pleine Creuse, dans ce merveilleux paysage que George Sand a souvent décrit, en quelques lignes, comme les maîtres font un tableau en quelques coups de pinceau. Un tapis de gazons sauvages, où le printemps piquait des anémones et des crocus, descendait, de ses assises, interrompu par de petites roches bleues, hérissé de bouleaux aux tiges d'argent, jusqu'au cours nacré de la rivière coupée aussi de pierres luisantes et plates où les vipères aimaient dormir au soleil. A l'horizon, sur des couchants rouges ou roses, suivant la saison, les ruines imposantes de Crozant, se profilant avec d'héroïques silhouettes où les teintes de cuivre, en automne, faisaient passer comme un muet appel de cor. Au bord de l'eau, çà et là, des rideaux de saulaie sous lesquels les truites se détendaient comme des arcs, faisant passer un métallique frisson à travers le réseau des verdures tendres. Un coin de nature, en un mot, fait pour les modernes idylles où se complaisent encore les poètes d'aujourd'hui, en souvenir du mélodieux Virgile que nos pères connaissaient encore, que nos petits-neveux ne connaîtront plus. Eh bien! tant pis pour ces savants cancres! Moi qui ai mordu aussi, et d'une dent avide, au fruit des géométries supérieures et des propositions divines, je donnerais toutes leurs découvertes pour un vers des *Bucoliques!*

Ce n'était pas par ironie, mais par habitude, que l'ancien manoir des Birettes s'appelait encore un château, bien qu'il fût uniquement constitué, pour le présent, d'une maison en assez mauvais état, d'aspect exclusivement bourgeois, n'évoquant rien, en vérité, de féodal ni de chevaleresque, une habitation ne respirant qu'une aisance médiocre et portant ces traces d'abandon que la noblesse a laissées partout derrière soi, quand la richesse s'est retirée d'elle. En mai, cependant, c'était une charmante demeure quand les vignes vierges, les clématites, les aristoloches, les pois de senteur, les volubilis, toutes plantes au cœur plein de pitié pour les vieilles murailles, pendaient à celles-ci leur décor de fleurs et de feuillages, atteignant, de leurs branches folles, jusqu'au faîte où des frissons d'ailes sortaient de dessous les tuiles usées. Tout autour aussi un parterre bien soigné avec des massifs de roses de toutes les espèces, accusant une main experte aux travaux horticoles et l'amour des choses de la nature. Au pied des belles variétés, des massifs plus bas de ces jolies roses du Bengale qui commencent les premières et s'obstinent à s'ouvrir encore même sous les premières gelées, portant au cœur les diamants en givre après les premières perles de la rosée.

C'est qu'une véritable fée habitait cet idyllique et quelque peu délabré séjour, — la petite marquise des Birettes, qui n'avait pas apporté à son mari un sou vaillant, mais un trésor de beauté et de jeunesse dont tout autre se fût montré plus fier et plus heureux que de la fortune d'un roi. Châtaine de cheveux, mais plutôt brune, avec des yeux bien transparents comme des pierreries, un teint mat et un aristocratique profil, une taille belle et élancée, une démarche de bonne reine allant porter l'aumône à ses sujets; mais, par-dessus tout, un sourire d'une grâce infinie, une gaieté toujours souriante dans le regard. Elle supportait la demi-pauvreté qui était son lot avec une résignation charmante, adorant les fleurs et les bêtes, ayant pour compagnons ordinaires une biche apprivoisée qui la suivait partout, Mignonne, et un perroquet nommé Gustave, qui ne quittait guère son épaule et jacassait continuellement à son oreille comme un endiablé. Mais d'autres animaux familiers encore composaient son agreste cour : de petites poules blanches empanachées comme de petits chiens havanais et de petits coqs qui semblent vêtus de pierres précieuses. A tout ce petit monde, le perroquet Gustave, un érudit dans son espèce, parlait sur le ton du commandement. C'était, à vrai dire, le favori de la marquise et aussi sa grande consolation.

Consolation! Morbleu! qui se permettait donc de contrister une aussi aimable personne? Parbleu! son mari, le marquis des Birettes, un gentilhomme grognon et qui n'était jamais content de rien.

II

Mon Dieu! je veux bien que le temps présent ne soit pas exquis pour les gentilshommes. Les titres ont perdu leur poids dans notre société démocratique et le populaire se fiche absolument de ce que leurs aïeux ont pu faire aux croisades. Tous les privilèges sont abolis. Le plus charmant de tous, le droit de jambage, n'est plus exercé que par les bonnetiers enrichis qui ne se gênent pas beaucoup avec les pauvres filles du peuple. Au moins les seigneurs leur faisaient-ils, par avance d'hoiries conjugales, de robustes enfants, de bons bâtards qui devenaient des Dunois. Tandis que les bonnetiers enrichis encombrent le petit monde de méchants avortons dont pas un ne serait capable d'accompagner Jeanne d'Arc à Rouen. Mais ce n'est pas une raison pour bouder l'univers, comme le faisait ce marquis Gaëtan des Birettes dont toutes les rancunes sociales pesaient sur la pauvre femme qui était cependant de même souche originelle que lui.

Et cependant, se donnait-elle un mal, l'angélique créature, pour lui complaire en toutes choses, deviner ses moindres désirs, obtenir de lui un remerciement ou un mot gracieux seulement qui ne venait jamais! Comme on n'avait qu'un méchant galopin pour faire les gros ouvrages, soigner les animaux et tenir en état le jardin, c'était la marquise qui, de ses jolies mains effilées et blanches, faisait tout le reste, qui préparait les repas, qui entretenait les meubles en état, qui présidait à tous les soins domestiques, non pour commander, mais pour exécuter en personne. Et tout cela avec une bonne humeur! Toujours une chanson sur les lèvres, quand elle était seule; toujours un sourire, quand il était là.

Et lui qui, pendant ce temps-là, passait toutes ses journées à la chasse dans un pays où il avait détruit le gibier depuis longtemps, et qui revenait bredouille, jurant, sacrant, battant son unique chien, n'éprouvait, de ce long et touchant dévouement, aucune reconnaissance. Jamais il ne trouvait rien de bien dans ce qu'avait fait sa femme pendant son absence. Vous croyez peut-être que celle-ci se rebutait? Non! Elle redoublait d'efforts. C'est une rude force que de savoir être constamment désagréable. Tenez, quand j'avais vingt ans, je remarquais dans une pension d'artistes, dont j'ai parlé quelquefois ici même, ce buffet germanique devenu buffet alsacien depuis la guerre, où mes commensaux étaient Gustave Doré, Feyen-Perrin, Français, Delaplanche, quelquefois Courbet, souvent Pierre Dupont, toujours Harpignies, Jules Breton, Dalou, que sais-je encore? Tous sont glorieux ou morts aujourd'hui. Je suis, au point de vue de la renommée, le culot de cette couvée... Eh bien, il y avait parmi nous un gaillard qui n'était rien du tout en art, mais qui était horriblement difficile sur sa nourriture que d'ailleurs, seul d'entre nous, il ne payait jamais. C'était le seul que notre hôtesse, une amie pour tous, une bonne et intelligente fille, se préoccupât de contenter. Il nous allait bien à nous d'insinuer timidement que le poulet était trop cuit et le rosbif pas assez ! Nous étions rembarrés de la belle façon. Mais que le grincheux qui ne payait jamais daignât un jour agréer un miroton, c'était une joie et des élans de reconnaissance. En attendant, on lui recommençait tous les plats qui ne lui plaisaient pas, en lui faisant des excuses jusqu'à terre. Ineffable pouvoir de la mauvaise humeur élevée à la hauteur d'une institution.

Ce que notre marquis Gaëtan des Birettes jouait bien de cette musique-là avec la pauvre petite marquise, mignonne cependant comme une colombe du bon Dieu !

## III

Ce matin-là, néanmoins, elle avait juré de vaincre cette obstination à tout trouver mauvais. D'abord, comme le temps était superbe, elle avait mis le couvert en plein air, sous une tonnelle naturelle que faisaient les clématites en s'enchevêtrant autour de la maison, une tonnelle où le soleil faisait passer de petites flèches d'or piquant une étoile sur les feuilles. Puis elle avait acheté, au marché de la Souterraine, où elle avait été sournoisement la veille, — oh! la grande course pour ses mignons petits pieds! — un perdreau rouge de la plus tentante physionomie. Enfin elle avait pêché elle-même, dans la Creuse, une truite superbe immédiatement jetée dans un court-bouillon savoureux. Au fond de la cave, elle avait découvert une bouteille que les araignées avaient vêtue d'une véritable chemise. Comme entrée, une omelette aux potielles, un délicieux champignon du Berry.

Pour le moment, elle était en train d'étendre la nappe sur la table, une nappe toute blanche et qui fleurait l'iris, au sortir de la grande armoire de noyer. Bien également, elle l'avait tirée aux quatre coins et avait aplani de la paume de la main tous les plis qui se formaient au-dessus. Comme elle se baissait pour jeter un coup d'œil à hauteur sur son ouvrage, le perroquet Gustave sauta de son épaule sur la table. Et voyez ce malotru ou ce farceur d'oiseau (le perroquet est un fumiste dans son espèce)! V'lan! Il vous lâcha une belle crotte au beau milieu de la nappe. La pauvre marquise en eut les larmes aux yeux. Mais comme elle était l'indulgence même, elle remit l'oiseau sur son épaule sans avoir le courage de le gronder. Comment faire cependant? Elle avisa une énorme et large feuille d'aristoloche, la coupa et la porta à l'endroit contaminé, de manière à cacher le dégât. Ce serait une façon de dessous de plat rustique, qu'elle aurait eu l'air de mettre tout exprès pour y poser successivement les mets.

Comme à l'ordinaire, le marquis rentra bredouille et bourru. Elle s'en fut gracieusement à lui, sans se désespérer, et lui dit, en l'embrassant un peu malgré lui :

— Mon ami, je crois vous avoir fait enfin un déjeuner à votre goût.

— J'en doute! répondit grossièrement le malotru.

Alors elle lui énuméra joyeusement, radieusement, tous les plats qui composaient le menu.

— Belle cochonnerie! fit-il en haussant les épaules.

— Mais enfin, qu'auriez-vous voulu ? s'écria-t-elle dans un sanglot.

Le rustre, tout en riant méchamment de sa détresse, lui répondit :

— Du caca!

— Ah! mon mignon! en voilà justement! fit-elle en soulevant la feuille d'aristoloche.

Et Gustave, qui était toujours perché sur son épaule, ajouta de sa voix la plus gracieuse :

— Monsieur le marquis est servi!

# LE FETICHE

## LE FÉTICHE

### I

C'est bien la peine d'être le mari d'une jolie femme quand on a la passion du jeu ! Passer au milieu d'hommes mélancoliques, et quelquefois tricheurs, des nuits qui seraient si douces dans le tête-à-tête conjugal ! Et l'amour n'est-il donc pas un jeu aussi, d'origine plus ancienne même que le jeu de l'oie inventé par les Grecs et demeuré infiniment plus actuel à travers les âges ? Ce qu'on y joue vaut bien ce qu'on jette sur les tapis verts. Il a, comme tous les autres, ses décavés et ses tragiques. Il est réglé par quelque chose de plus mystérieux encore que le hasard. Et je maintiens que la façon dont il se joue est plus amusante que le maniement des cartes ou des dés. Vous me direz qu'il ne se peut jouer toujours. Attendez au moins, pour passer aux autres, d'avoir vidé la bourse qui se dissipe à celui-là.

Tel n'était pas le cas de M. Fessaride. Epoux, en plein exercice viril, d'une délicieuse créature, c'est nettement le baccara et le poker qu'il préférait à sa compagnie. Et cependant, madame Fessaride, que les plaisants surnommaient la Malnommée, avait bien tout ce qu'il fallait pour occuper les nocturnes loisirs d'un homme de bien : j'entends de quoi remplir une main sur chaque côté de la poitrine et les deux sur un seul côté des fesses, proportion aimable, recommandée par la géométrie anatomique et dont je vous signale les agréments. D'autant que les expériences qui arrivent à la déterminer n'ont rien que de fort agréable. Je vous féliciterai même si vous avez la main un peu grande, dans ce cas. Voilà pour ce qui est du solide des relations, s'il m'est permis de m'exprimer ainsi. Le reste était constitué par une série de charmes d'une appréciation moins purement matérielle, mais qui ont bien aussi leur prix : un charmant visage fait pour le sourire, une admirable chevelure et un charmant naturel. De bonne volonté au lit, s'il vous plaît, par-dessus le marché. Car il est des pimbêches qui, ayant tout ce qu'il faut pour rendre heureux un homme très épris

d'elles, en usent si avarement avec lui qu'il en est
réduit à contempler un trésor qu'il ne dépense jamais, métier dont toujours d'ailleurs le pauvre diable finit par se lasser. Mais ce n'était pas le cas de
madame Fessaride, au contraire. Alors, comment,
douée d'un tempérament plein d'entrain, ayant
d'ailleurs de si belles circonstances atténuantes au
service des procès à venir, n'avait-elle pas pris un
amant? Etait-ce donc un dragon de vertu (animal
symbolique dont on parle souvent, mais que je
voudrais bien voir)? — Ma foi, non! Elle était honnête plutôt par nonchalance que par scrupule. Que
voulez-vous? Ce n'est pas toujours facile à une
femme, dans certaines conditions de vie bourgeoise
et honorée, de trouver un monsieur agréable et pas
compromettant, pour ce genre de service. Ce que
j'en ai connu de pauvres femmes qui n'attendaient
ainsi qu'une occasion sortable de pécher et qui languissaient furieusement! Les contemporains sont,
entre nous, de fichus amants. Il y a les trois quarts
du temps plus d'amour-propre que d'amour dans
leur affaire. Et allez donc fier votre honneur à la
discrétion d'un vaniteux! En d'autres temps, l'amour était une occupation exquise, à laquelle des
êtres se donnaient tout entiers. Maintenant c'est un
entr'acte à peine dans la rude comédie de la vie.
On ne se donne plus la peine de conquérir la
femme, comme au bon vieux temps. Cette petite
guerre-là est devenue, comme la grande, sans
chevalerie. On s'aime comme on se tue, sans
s'être mesurés en quelque magnanime et courtois
combat.

Mais je reviens au ménage Fessaride. Oyez comment un sage destin remit toute chose en état.

## II

Cette nuit-là, M. Fessaride avait été plus malheureux encore au jeu qu'à l'accoutumée. Il avait tout perdu, sauf sa culotte dont on n'avait pas voulu. Or donc rentrait-il chez lui véhémentement mélancolique, et se demandant par quel fétiche il pourrait conjurer cette malchance obstinée. Il avait essayé de presque tous : la corne de corail, le louis percé, l'aile de chauve-souris, que sais-je ! Ses poches s'emplissaient de symboles superstitieux, en même temps qu'elles se vidaient de monnaie. — On ne pense pas souvent aux choses les plus simples ! se dit-il tout à coup. Et il se promit de se procurer, le jour même, un beau morceau de corde de pendu. En ces résolutions viriles, il cheminait sous la poussière blanche de l'aube, cependant que l'orient s'ouvrait comme l'aile rose d'un ibis, les premières lueurs colorées ne faisant que courir encore sur l'horizon sans pénétrer les buées d'argent de l'atmosphère. Ce n'était même pas encore l'heure du réveil des nids dans les jardins et la Seine seule, sous les ponts, gazouillait, en émiettant les reflets des dernières étoiles entre ses petits plis frissonnants. O le délicieux instant pour les amants que l'instinct seulement de la lumière, à travers la transparence des rideaux, réveille pour le bonjour divin des premiers baisers ! Que les amoureuses sont belles, à cette heure prématinale où, dans les blancheurs du lit, se confondent leurs propres et vivantes blancheurs ! Madame Fessaride devait être charmante dans sa large couche abandonnée, la tête inclinée sur l'oreiller sombre de ses cheveux, en quelque nonchalance exquise de pose où passait peut-être le frémissement d'un rêve suggestif. Car vous ne voudriez pas que cette pauvre femme ne prît pas de revanche, au moins en songe !

Quand notre Fessaride rentra, sur la pointe des pieds pour ne la pas réveiller, — au moins avait-il cette attention ! — il étouffait tellement de mauvaise humeur qu'il ouvrit doucement la croisée de la chambre pour y prendre une dernière bouffée d'air frais avant de tâcher de s'endormir. Mais il n'eut pas plutôt écarté les panneaux vitrés qu'il poussa un effroyable : Ah !

— Qu'avez-vous, mon ami ? lui demanda madame Fessaride, subitement réveillée.

— Regardez, fit-il.

Deux jambes pendaient à la croisée, au dehors, visibles au-dessus du genou, raides et contractées.

— Un pendu ! s'écria le joueur. Dieu soit loué !

— Vite, à son secours ! fit à son tour madame Fessaride, en sautant du lit.

Mais M. Fessaride l'arrêta d'un geste plein d'autorité.

— Pas de bêtises, madame ! Cet homme s'est certainement accroché par le cou au balcon de l'étage supérieur. Nous n'avons aucun droit sur lui. Il appartient à nos colocataires. Il est d'ailleurs défendu de toucher à un suicidé avant l'arrivée du commissaire. Je vous engage donc à vous recoucher et à attendre patiemment que j'aie été chercher ce magistrat, comme c'est mon devoir de citoyen. Jusque-là je vous défends de vous occuper de ce monsieur aérien et bien avisé.

Et, reprenant son chapeau, il sortit.

Il n'avait pas encore atteint le bas de l'escalier que les jambes mystérieuses prirent un balancement dans l'espace, de dedans en dehors et, qu'après une dizaine d'oscillations croissantes, un quidam s'en vint bondir au milieu de la chambre en faisant un énorme « Pouf!... » sur le plancher.

— Au vol...! commença de crier madame Fessaride. Mais l'inconnu était déjà à ses pieds suppliant :

— Madame, je vous en prie, ne me perdez pas, murmurait-il d'une voix navrante. Je ne suis pas un voleur, mais un amant...

— Impertinent!

— Un pauvre amant qui, sur le point d'être surpris par un mari, à l'étage au-dessus, n'a eu d'autre ressource que de se laisser glisser le long du balcon et d'y demeurer suspendu par les mains. J'étais à bout de forces, madame, quand, comprenant que vous étiez seule, j'ai profité de votre fenêtre ouverte. Je me nomme le marquis d'Argelès et je ne sais pas, au monde, de plus galant homme que moi.

— Alors, sauvez-vous bien vite! mon mari va rentrer.

— Et si je le rencontrais dans l'escalier! J'entends des pas.

— C'est vrai. Alors que faire, bon Dieu !
— Ça ! fit résolument le marquis. Et, s'étant glissé dans le lit tiède de madame Fessaride, il ajouta à *voix basse* : Frottez-moi le ventre ! Frottez ! Frottez !
Inconsciente, elle obéit.

### III

— Malgré ma défense ! s'écria Fessaride en entrant, et en la *trouvant aussi étrangement occupée.* J'avais défendu, monsieur le commissaire, qu'on y touchât avant votre arrivée.
— Votre femme a été moins bête et plus humaine que vous, répondit le magistrat. Je vous fais tous mes compliments, madame ; car le suicidé, paraît, grâce à vos soins, aller beaucoup mieux.
Le marquis d'Argelès esquissa un sourire approbatif.
— Alors vous pouvez cesser cette mimique inconvenante, reprit Fessaride furieux en lançant un méchant regard à sa femme.
— Frottez, frottez au contraire, madame, riposta paternellement le commissaire. Il faut frictionner le plus longtemps possible, et dans toute la longueur. Voulez-vous que je vous aide ! J'ai une poigne...
— Merci ! merci ! monsieur ! murmura faiblement le marquis.
— Je ne vois aucun procès-verbal à dresser, fit comme conclusion le policier qui, par hasard, n'ai-

mait pas la paperasse. Si monsieur le veut, je le reconduirai chez lui avec ma voiture.

Le marquis, qui cherchait une sortie honorable, accepta de grand cœur et s'habilla, puis partit en saluant gravement monsieur et madame Fessaride, non pas sans avoir murmuré, à l'oreille de celle-ci, des mots de reconnaissance et de revoir. Quand les deux époux furent seuls, Fessaride recommença d'être insupportable.

— Vous m'avez ruiné, fit-il à sa femme. Moi qui voulais un petit morceau de corde de pendu !

Fort heureusement elle avisa un long brin de forte ficelle arraché à l'espagnolette de la fenêtre de l'étage supérieur, par le marquis, dans sa descente mouvementée, et qu'il avait traîné avec lui jusque dans la chambre. Elle le tendit à son mari :

— J'y avais pensé, dit-elle. Voilà ce dont il s'était servi et ce que j'ai retiré de son cou.

— Mais avait-il tous les symptômes d'un vrai pendu ? Vous qui l'avez frotté partout, vous devez bien le savoir.

— Ça, je vous en réponds ! fit-elle en éclatant de rire.

— Alors, ce doit être excellent !

Et gravement, il enroula la ficelle de façon à la pouvoir glisser dans son portefeuille.

Puis il se coucha, et, sa femme s'étant replacée auprès de lui :

— Ça a du bon, les pendus ! fit-il, en manière de réflexion.

— Je vous crois ! répondit-elle avec un gros soupir.

Et depuis ce temps-là, M. Fessaride a gagné presque constamment au cercle. Il est enchanté de sa corde de pendu. Mais d'aucuns prétendent, sachant les visites du marquis d'Argelès à sa femme, qu'il gagne tout simplement en vertu d'une autre superstition compensatrice, celle qui attribue une chance particulière et rémunératrice aux cocus !

# LE JOLI PÉPÉ

## LE JOLI PÉPÉ

I

Quand le joli Pépé passait dans les rues ensoleillées de... Ah! diable! je ne voudrais pas me brouiller cependant avec une des municipalités de mon glorieux pays! Contentez-vous donc de savoir, amateurs de scandales, qu'il s'agit d'une de nos plus jolies petites villes de la frontière espagnole où l'on joue déjà un peu à l'hidalgo et à la manola, jeux d'ailleurs parfaitement innocents. Ceci dit, je reprends : quand le joli Pépé passait dans les rues, toutes les péronnelles de la mignonne cité tressautaient sur leurs chaises comme de petites chèvres, et jouaient ferme, aux croisées, de leurs éventails en papier. C'est que Pépé était joli, joli, dans son espèce. Imberbe comme les toreros, l'œil maquillé, une petite natte de cheveux japonais sur la nuque, rose, un semblant de rouflaquettes aux tempes, grassouillet comme un petit moine, il vous tortillait un de ces derrières culottés de près dont les grimaces tentatrices inquiètent. Il était d'ailleurs habile dans son art, à ce que disaient les amateurs du pays. Car nous possédons, en France, quelques *aficionados* sérieux, tout à fait friands de l'héroïsme des taureaux, bons enfants d'ailleurs, et qui, dans la vie commune, se laissent tranquillement traiter de pleutres, sans dégainer, ce que n'aurait peut-être pas fait le Cid et ce qui prouve que le goût du sang n'est pas toujours indice de courage. Pépé avait donc des admirateurs qui, aux grandes solennités tauromachiques, ne manquaient jamais de passer les Pyrénées pour l'aller voir daguer dans le cou de ses victimes comme dans une pelote. A cet exercice, infiniment dangereux pour les taureaux, il n'avait jamais attrapé encore aucun mauvais coup. Ce derrière, qu'il faisait saillir si impudemment sur la chaussée, il vous avait un art infini de le rentrer quand la corne de son ennemi en effleurait la gaine de velours. Il le faisait passer dans son ventre aux grands applaudissements de la foule. Au demeurant, un héros qui faisait tourner toutes les têtes et notamment celle de la fille du maire, la charmante Ernestine Roubichon, qui eût payé bien cher pour s'appeler Mercédès ou Pépa. Ridicule dans ses amours, cette charmante Ernestine, mais jolie tout de même, et les femmes ont une façon de l'être qui les excuse parfaitement d'être souvent bêtes comme des oies. Il ne faut pas non plus être trop exigeants. Vouloir que l'esprit de Rivarol s'ajoute à une chevelure d'or fin semblant une coulée de soleil, à des yeux couleur de rêve tant ils sont d'un bleu immatériel, à une bouche où l'éternel désir du baiser fleurit dans une rose, à d'admirables proportions que la statuaire antique semble avoir rêvées, c'est peut-être demander beaucoup. Mademoiselle Ernestine Roubichon s'en passait absolument. Scholl même ne serait pas arrivé à lui prêter des mots. Elle n'en était pas moins rouée, au fond, comme une petite potence, de cette rouerie de fillette honnête, laquelle en remontrerait souvent au grand art des courtisanes. Son papa? une bonne bourrique d'administrateur local, veuf et ne jurant que par sa fille. Il n'avait pas remarqué un seul instant qu'Ernestine pâlissait ou rougissait, suivant la fantaisie de son émotion, quand le joli Pépé passait dans les rues en jouant de la lune, cette mandoline du pauvre. Lui non plus ne détestait pas les boucheries en plein vent. Quand, donc, Ernestine se mit à le tourmenter pour qu'il obtînt de M. le ministre de l'intérieur l'autorisation de donner une course espagnole sur place, ce qui ne va pas, en France, sans quelque difficulté, il ne fit qu'une résistance assez molle et commença les démarches nécessaires sans rechigner. C'était risquer de se faire mettre à l'index par la Société protectrice des animaux; mais les élections approchaient et les gens de gouvernement aiment bien à faire plaisir à tout le monde en ces temps-là. Pauvre homme! Il ne se doutait pas du complot intérieur qui, pendant ce temps-là, se tramait chez lui. Ernestine qui était, avant tout, une fille honnête, avait conçu le projet d'épouser Pépé. Et celui-ci y mettait pour condition que cette concession de courses locales, une espèce de fortune pour lui, lui fût accordée. Ah! les jolis hommes font quelquefois, comme les femmes, leurs mijaurées. Ils ont le sentiment de ce qu'ils valent et le font délicatement sentir à celles qui souhaitent leurs faveurs. Remercions Dieu, nous qui avons des nez en pieds de marmite.

Le bon Roubichon rentra, un jour, tout radieux de la mairie. Il avait reçu de M. le ministre de l'intérieur la permission de faire massacrer quelques taureaux dans ses murs. Ernestine, à cette nouvelle, faillit s'évanouir de joie. Le candidat radical Pètemusard en eut la jaunisse de dépit. De rouge, il devint orange. Ça m'est égal, parce que je n'aime pas mieux les politiciens que les toreros. Le joli Pépé s'occupa immédiatement de réunir *tra los montes* sa cuadrilla, quelques chevaux moribonds et quelques bœufs manqués, cependant que notre Roubichon s'exerçait à remettre avec dignité, à un chienlit surmonté d'un plumeau, la clef d'un toril construit avec de vieilles caisses d'oranges.

Ça promettait d'être fort beau.

## II

Un admirable soleil complice de cette sanguinaire fantaisie. Toute la petite ville était en émoi dès le matin. La cuadrilla était arrivée dès la veille. Mais pas un aussi joli que Pépé. Le picador Boubouroche n'était pas cependant un vilain gas. On les fêtait à la ronde et les cigares de deux sous roulaient sur les tables des cafés, cependant que s'envolaient avec fracas les bouchons des limonades. *Ollè! Ollè!* on en allait découdre, dans l'après-midi. Et Pépé avait des airs affairés de grand administrateur. Tous les marchands de robinets des environs avaient été engagés pour sonner la mort du taureau.

Une foule immense emplit déjà l'arène improvisée. Un petit incident dès le début. Monsieur le maire, ayant bu de l'alicante et mangé du *punchero* avec excès, avait perdu deux clefs, à la fois, la sienne et celle du toril. Il les retrouva ensemble fort heureusement. Le cortège a déjà fait son entrée aux applaudissements de tous. Une rumeur fâcheuse circule cependant, qui a pris naissance dans la loge municipale, où mademoiselle Ernestine Roubichon fait une pantomime d'exécrable humeur. Et voilà-t-il pas, qu'au dernier moment, une dépêche postérieure (si j'ose m'exprimer ainsi en parlant d'un papier de cette importance) de M. le ministre de l'intérieur, exigeait que les cornes des taureaux fussent garnies de boules! C'était ce farceur de Pépé qui avait fait demander cela en sous-main, mais qui n'en paraissait pas moins le plus indigné. Et où trouver des boules maintenant? Et comment les planter aux cornes des bêtes? M. Roubichon était homme de ressources. Un ami lui avait justement envoyé récemment, du fond de l'Afrique centrale, une caisse de petites noix de coco d'une espèce particulière et pas beaucoup plus grosses que des pêches, admirablement dures d'ailleurs. On était sauvé! Le généreux citoyen n'hésita pas, un seul instant, à en faire le sacrifice. Il les envoya quérir par l'homme empanaché. Il y eut bien un petit retard, dont s'impatienta le populaire. Mais une heure après, tout au plus, chaque taureau, destiné à mal finir sur l'arène, avait ses deux noix de coco aux antennes, et l'orchestre des marchands de robinets jouait imperturbablement l'air national célèbre en 1848 et qui parvenait seulement dans ces contrées arriérées :

> Si les cocus avaient tous des sonnettes
> A leurs shakos en guise de pompons...

Ernestine, elle, se mourait d'impatience et d'émotion.

La première course bat son plein. Comme toujours, le taureau exprime ses intentions pacifiques, puis méprisantes, et, après avoir conchié le sable, comme disait Rabelais, se décide à courir dans tous les sens, espérant toujours trouver une porte ouverte. Cette attitude, évidemment agressive, exaspère ses nobles adversaires qui le lardent justement de flèches incendiées, tout en lui reprochant sa lâcheté. La sale bête dodeline impertinemment de la tête en éclaboussant de sang ses voisins. Cette dernière grossièreté met le comble à la fureur des justiciers. Pépé, le joli Pépé, s'avance, le glaive de la justice à la main. Il salue, cependant que sa petite queue de cheveux se dresse par derrière comme pour inviter les papillons à s'y poser. Héroïquement il cache, sous un foulard rouge, la bonne dague de Tolède; il approche en faisant semblant de venir adresser au martyr des compliments de condoléance sur son fâcheux état. Youp! il a démasqué son glaive. Mais brusquement le taureau se dérobe, opère un mouvement tournant et, avec la sûreté d'un vieux stratège, vient planter une de ses cornes entre les deux fesses inutilement rentrées de son bourreau. Un cri d'horreur parcourt les gradins. Des médecins sautent dans l'arène. Ils visitent le blessé avec empressement. Tous poussent un cri de surprise en bénissant la Providence. Ce taureau était une façon d'Ira Paine. Il avait si bien visé qu'il avait pu pénétrer sans déterminer la moindre écorchure; c'est ce qu'on appelle, en art militaire : profiter des accidents naturels du terrain. Seulement il avait perdu sa boule. La corne dont il s'était servi était veuve de sa noix de coco. Le règlement était formel. Il était, par le fait, disqualifié pour un duel nouveau. Pépé avait eu d'ailleurs une telle frousse qu'il se refusait à toute reprise d'hostilité... Monsieur le maire leva la séance, en déplorant, en termes émus, ce contretemps fâcheux. Quant à mademoiselle Ernestine, elle était furieuse et se demandait, anxieuse, si, après cette déconvenue, l'aimable torero tiendrait encore sa parole.

### III

Or ceci se passait l'automne dernier, il y a un peu moins d'un an seulement. Sans blessure apparente, comme nous l'avons dit, le joli Pépé ne se remit cependant pas. Des phénomènes étranges commencèrent à se manifester. Son ventre grossissait et prit au printemps un développement tout à fait anormal, cependant qu'une grande langueur enveloppait son être. Des bruits méchants commencèrent à circuler. Ce garçon joufflu, sans un poil de barbe, ces hanches impertinentes, le peu de résistance aux émotions, tout cela était louche. Pépé était peut-être tout simplement une fille déguisée qui avait fait une faute. Comme il se refusait à voir aucun prince de la science, des médecins essayèrent de lui tirer sournoisement son secret. Plus de doute ! L'un d'eux découvrit qu'il avait des mamelles pleines d'un lait sucré. Ernestine était exaspérée à l'idée d'avoir si mal adressé sa tendresse, et se montrait impitoyable au torero malheureux qui s'était mis à l'aimer. Il n'est pas d'hypothèses blessantes pour le pauvre diable qui ne hantassent les imaginations à ce sujet. O calomnie ! O témérité des jugements humains !

Pépé est mort avant-hier. L'authenticité de son

sexe a été solennellement proclamée, et l'autopsie a révélé, tout simplement, que la noix de coco que le taureau lui avait laissée dans le ventre, comme carte de visite, avait germé. Un superbe cocotier lui poussait ses racines dans les intestins, ce qui explique à la fois sa forte obésité et la difficulté de ses digestions. Ce cocotier va être prochainement transporté au Jardin des Plantes, où il ne saurait manquer de devenir un objet de pèlerinage pour nos *aficionados* parisiens.

# RÊVE BOURGEOIS

## RÊVE BOURGEOIS

### I

Dans la large causeuse aux saillies amorties par l'ordinaire fréquentation de son noble et glorieux séant, madame Puceleau s'est doucement assoupie. C'était par un de ces derniers jours aux après-midi chargées d'électricité automnale, aux atmosphères lourdes, aux cieux rayés d'ardoise sombre, où des souffles d'orage lointain passent ; et madame Puceleau, qu'une excellente digestion favorisait en cette sieste, goûtait vraiment un bien-être infini dans le doux anéantissement où elle était plongée. Le déjeuner avait été savoureux et quelques doigts d'excellent bourgogne avaient arrosé un râble de lièvre fort à point pour donner d'aimables songes. Car tout le monde sait, depuis Hippocrate qui, le premier, en a fait la remarque, que le lièvre fait rêver. Et, parbleu! elle était charmante, madame Puceleau, dans cet épanouissement de paresse méridienne. Une trentenaire dans le meilleur état, dodue sans obésité, attirante de tous les charmes de la santé. Suffisamment renversée en arrière pour que les jambes posassent à peine sur le coussin poussé devant elle, une cuisse ramenée sur l'autre, elle découvrait, sans aucune coquetterie voulue et sans le moindre soupçon d'excitation préméditée, de jolies chevilles fines, et, plus haut que les chevilles fines, la naissance d'un mollet, non pas ramassé à l'espagnole, mais modelé en longueur à la florentine, comme en ont, non pas les femmes de Goya, mais celles du Primatice. Harmonieusement et vaguement en cloches muettes, ses jupons s'étageaient au-dessus de cette vivante merveille. Son corsage étant entr'ouvert, le beau rythme de sa poitrine disait la douceur de son sommeil, cependant qu'un souffle léger entr'ouvrait ses lèvres sur un imperceptible fil de blancheur nacrée qui était ses dents; que ses cils abaissés faisaient une ombre veloutée sur sa joue, et que sa chevelure, légèrement dénouée, s'éparpillait en boucles folles autour de ses joues à peine rosées. Tout cela était de saine et honnête sensation et vous sentait l'honnête femme qui n'empoisonne pas de parfums les aromes exquis de sa jeune maturité.

Et vous croyez peut-être que M. Puceleau qui était, non loin, assis dans un fauteuil profond aussi et non moins moelleux, égarait doucement son esprit en la contemplation de ces choses charmantes, lesquelles étaient son légitime bien? Au fait, c'est peut-être pour cela qu'il y prêtait une attention si peu tendre. Comme les maris prennent bien le soin d'excuser, eux-mêmes, leurs femmes d'avoir des amants! Lui aussi dormait, l'animal, mais que son somme était d'une contemplation moins suggestive! Une tête malgracieusement tombée sur l'épaule, un souffle qui confinait au ronflement, un ventre qui menaçait de faire péter la culotte, et deux jambes raides avec les pieds en X. Musset s'est demandé à quoi rêvent les jeunes filles : j'espère que ce n'est pas à ça. Il était horrible, ce Puceleau, dans son écrasement de fainéant. Ce commerçant enrichi ne semblait cependant troublé par aucun remords. Il avait le faux poids léger et la sophistication sans relents de conscience. Il y a, comme cela, des heureux qui vous font souhaiter d'être misérable. Ne vous y fiez pas cependant. Ce vœu est un de ceux que la Providence, *alma mater*, exauce le plus volontiers.

La fenêtre du coquet appartement était ouverte sur un de ces rares jardins qui nous gardent encore quelques oiseaux à Paris; non pas des rossignols — ces jolis chanteurs n'aiment pas la société des ténors, — mais des moineaux francs qui sont pillards comme nos marchands et éhontés comme nos courtisanes. Exquis, dans cette saison, ces parterres oubliés par la pioche et la truelle, avec un envolement de feuilles jaunes qui courent sur le sable et se prennent aux massifs charnus des derniers bégonias, à moins qu'elles ne s'enroulent en spirales autour des hautes tiges des derniers glaïeuls. C'est là que viennent mourir les papillons, en une agonie que je recommande aux mélancoliques, convulsifs dans un pâle rayon de soleil.

Beaucoup des autres locataires de la maison étaient encore, qui aux bains de mer, qui aux stations pyrénéennes, si bien qu'une aimable solitude régnait dans cet enclos citadin. A ce moment, un piano s'éveilla sous des doigts inconnus qui se mirent à courir capricieusement sur l'ivoire, livrant ses ondes sonores au flux et reflux de cette aérienne mer qui ondule, de croisée en croisée, dans l'air raréfié de Paris.

M. Puceleau, qu'un bon dernier Brunetière avait plongé dans un sommeil aussi profond que durable, n'eut aucune perception de cet intermède musical. Mais l'assoupissement moins profond de madame Puceleau en fut sensiblement impressionné.

II

Voulez-vous que nous la suivions un instant dans son rêve? C'était la faute du pianiste assurément qui était venu mêler une impression nouvelle aux inconscientes impressions dont est faite cette sorte d'état. Mais elle se croyait à l'Opéra-Comique où l'on jouait *Werther* ou *Manon*. Ce qui est tout un, car le même charme est dans tous les deux, le même sensualisme amoureux avec tout ce que l'humanité comporte d'idéal. Et ma foi, elle y prenait un plaisir que je m'explique à merveille. Quand je dis cela, je m'exagère peut-être effrontément mes facultés ; car j'imagine que les femmes goûtent encore mieux que nous cette musique-là aux intimités profondes et voluptueuses. La vérité est que madame Puceleau, l'honnête madame Puceleau, n'aurait pas mieux demandé que d'aimer des Grieux pour son propre compte et que certainement elle n'eût pas laissé mourir Werther comme cette délicieuse et méchante Charlotte. Le charme l'envahissait au point de lui faire oublier les personnages en scène pour se substituer mentalement à ceux qui y représentaient l'amour. Fort heureusement pour notre Puceleau, sa femme n'avait autant d'imagination qu'en rêve. Et l'enchantement devenait plus intense et ses émotions personnelles la transportaient, de plus en plus, de la fable dans la réalité.

Elle était décidément Manon !

Mais où diable pouvait bien être son des Grieux ? Elle se mit à regarder, de tous les côtés, dans la salle, toujours dans ce songe obstiné où elle se trouvait si heureuse. Les messieurs des fauteuils d'orchestre donnaient, vus d'en haut, l'impression, d'un de ces billards russes sur lesquels on joue avec un nombre effroyable de billes. Manon aurait eu bien grand'peine à faire, en riant, des papillotes à quelqu'une de ces éburnéennes mappemondes, comme il est dit dans le livre exquis de l'abbé Prévost. Alors elle chercha plus haut. Dans les loges, des autres messieurs d'une correction de toilette absolument navrante derrière des dames qui n'en laissaient voir que les cous encarcassés émergeant de gaines empesées. Des Grieux ne portait pas des favoris en nageoires. Ce n'est pas là non plus qu'elle trouverait le bien-aimé.

Et, l'orchestre de Danbé égrenant l'harmonieux rosaire des amours, en un susurrement dévot de violons, la pauvre femme se sentait plus impérieusement attirée encore vers le mystérieux inconnu qui ressemblerait si peu à son mari.

Tout à coup, là-haut, tout en haut, une silhouette se dessina qui lui parut celle de son désir subitement fait homme. Un peintre ou un sculpteur certainement, qui n'avait pas grand argent, mais qui aimait la belle musique. Debout, appuyé sur la fine colonnade qui soutient les faîtes, il développait un torse apollonien, et sa chevelure noire, épaisse, un peu inculte, semblait une grande aile ouverte d'un beau papillon de nuit. La distance, malheureusement, ne permettait pas à madame Puceleau de distinguer parfaitement ses traits. Elle fouilla nerveusement sous l'éventail qu'elle avait posé sur le rebord en velours rouge de la loge. Elle avait oublié sa lorgnette. Alors commença vraiment pour elle un supplice auprès duquel celui de Tantale et la curiosité de Pandore n'étaient rien que des jeux d'enfants. Son idéal était certainement à sa portée, mais elle n'en pouvait savourer les sélections particulières dans toute leur netteté. Tout à coup, une idée lumineuse lui vint et elle fouilla dans sa poche.

... Si vous le voulez bien, nous arrêterons le récit de son rêve.

### III

M. Puceleau, lui, continuait à planer fort loin de la terre, sans être, cependant, plus près pour cela du ciel. C'est la différence entre la bêtise et le génie. On peut perdre ses pieds sans gagner des ailes ; c'était son cas. Il avait complètement cessé de penser sans que cela fût un dommage pour personne, même pour lui. Il est des gens dont les méditations n'importent à qui que ce soit. Ils servent, dans la société, à entretenir la chaleur animale et à transformer les aliments. Ne les méprisez pas : ils sont le nombre, et, peut-être, la terre serait déjà refroidie et inféconde sans eux.

Cependant cet homme de bien devait être réveillé, ce jour-là, en sursaut. Ce lui fut par l'impression d'une petite chose très fraîche qui lui descendait le long du bas-ventre, après avoir pénétré, sans doute, entre deux boutons de sa culotte.

— Aïe ! fit-il sous cette impression désagréable de froid.

Et il vit, en entr'ouvrant les yeux, sa femme qui retirait sa main.

— Que diable m'est-il arrivé? fit-il tout haut.

Madame Puceleau, réveillée aussi par le cri qu'il avait poussé, regarda rouler à terre entre les jambes de son mari une piécette d'argent et se mit à étouffer de rire.

— Qu'avez-vous, ma chère? demanda l'homme de bien tout à fait interloqué.

— Imaginez, mon ami, lui répondit-elle, que je rêvais que j'étais au théâtre, que j'avais oublié ma lorgnette, et que je mettais une pièce de cinquante centimes dans l'étui d'où on les fait jaillir avec ce léger pourboire. Machinalement, et par un fait de somnambulisme dont je m'excuse, j'ai glissé ma pièce ailleurs, dans votre haut-de-chausses.

— Eh bien? fit M. Puceleau.

— Eh bien, mon ami, fit madame Puceleau avec une grande mélancolie dans l'accent, — vous le voyez comme moi, — il n'est pas sorti de lorgnette.

## PAYSAGE

# PAYSAGE

### I

Autour de l'étang calme qui se lisse, à l'autre bord, en coulée d'argent clair, n'étant, au milieu, que l'image renversée du ciel où courent de petites fumées blanches, imperceptiblement mobile et ridé seulement de frissons bleus, à nos pieds, l'admirable paysage automnal qui commence pour nos yeux. Au loin, le vallonnement à peine azuré des terrains coupés par les fuseaux blancs des bouleaux, des vapeurs rousses et roses dans les parties qui se creusent, une poussière de lumière insensiblement vibrante ; sur les crêtes ainsi traversées de silhouettes d'arbres aux feuillages déjà rares, la forêt lourde et massive, dans l'ombre au pied, obliquement coupée d'une grande raie d'or aux sommets. Dans les gazons rares et brûlés, quelques fleurs sauvages, et, tout au bord de l'eau, y prenant racine ensuite, de grands joncs balançant leurs têtes de velours pareilles à de larges bonnets de cosaques. Les nénuphars ensuite, n'ayant plus que des feuilles qui se pressent comme les boucliers de la tortue macédonienne au-dessus des têtes d'invisibles combattants. Egratignant l'eau d'une légère blessure, les martinets aux grandes ailes l'effleurent, en s'appelant pour le commun départ. Et, dans les taillis qui bordent l'allée que l'étang ferme de l'autre côté, beaucoup de petits oiseaux inquiets qui courent dans la clarté du soleil à son déclin, rouges-gorges aux cravates vaguement déteintes, rossignols roux comme les feuilles détachées qui courent sur le sable, grimpereaux enroulant, autour des menues branches, des spirales sonores de petits cris. Par les éclaircies, de temps en temps, le vol pesant et circonflexe des corbeaux s'ébattant sur les terres labourées, mer aux vagues polygonales qui déferle au bord des sillons. Et, pardessus tout cela, une mélancolie innomable, je ne sais quelle musique d'adieu que l'âme entend et non pas les oreilles. Des désirs éperdus au cœur qui mettent d'inconscientes angoisses dans l'heure douce cependant, pleine de lumière et de parfums.

Ce serait vraiment le temps d'aimer d'une tendresse éperdue, de réunir en une gerbe la moisson des souvenirs aux pieds de qui nous les fit charmants et douloureux tout ensemble. Ce serait le temps des grandes miséricordes entre amants et des pardons infinis. Eh ! mon Dieu ! la tentation venait de partout, des caresses insidieuses du printemps d'abord, puis des langueurs sans défense de l'été. Les jours étaient si longs qu'il fallait bien en varier la monotonie de quelque querelle ou de quelque trahison. Voici l'heure d'oublier tout cela dans le charme des réconciliations sincères, avant de se serrer, plus près l'un de l'autre, dans les lits toujours trop grands et près des foyers toujours trop petits de l'hiver. Savourez donc, amants, cette grande béatitude des pardons que vous prêche la mort apparente des choses, l'effeuillement des roses et les convulsions des derniers papillons sur la terre tiède encore.

J'ajouterai que jamais la femme ne trouve à sa beauté — notre unique joie, — un décor comparable à celui que lui offre cette saison. Henner et Corrège l'ont bien su quand ils enveloppaient de verdure rouillée leurs femmes endormies, coulée de chair vivante dans l'universel trépas, seule image de l'immortalité dans celle des déclins nécessaires. Sans avoir le droit de les déshabiller autant, amenez toutefois vos amoureuses dans cette nature à la fois recueillie et légèrement angoissée pour leur donner un peu de son émoi. Suivez avec elles les avenues dépouillées sur le tapis très doux des feuilles mortes ; cueillez pour elles les suprêmes fleurs de la saison, les phlox et les asters, les dahlias simples, — les seuls beaux, — pareils à des étoiles, et les marguerites, sœurs des premiers chrysanthèmes. Asseyez-vous avec elles au bord des eaux dormantes où les premières branches détachées découpent des îlots noirs, où les libellules sentent leur vol lassé s'amortir, flèches d'émeraude que soutiennent, des ailes de vitre fine, le long des pierres à demi mouillées où vient hocher la queue longue et rythmique des bergeronnettes, et demeurez muets, ensemble, dans cet innombrable bruit d'adieux, vous que rien ne force à en dire. Mais surtout, buvez, sur leurs lèvres abandonnées, leur souffle tiède comme celui de l'année mourante, les aveux et les baisers qui y reviennent, parce que, dans ce temps de l'année, il n'est être ni chose qui ne soit un souvenir!

## II

Je dois convenir, tout de suite, que ce n'est pas ce qu'avait fait mon ami Pètenouille qui, vraiment, ne me consulte pas assez dans les choses de la vie. Tout seul, — première bêtise, — chargé comme une bourrique d'engins pesants, — seconde faute par un temps où il fait si bon marcher allégé de tout fardeau! avec des intentions meurtrières à l'endroit des bêtes innocentes, — troisième folie confinant au crime, — il était parti dès le matin pour s'installer au bord de l'étang calme qui se lisse, à l'autre bord, en coulée d'argent clair, n'étant, au milieu, que l'image renversée du ciel où courent de petites fumées blanches. Comme Prosper Marius lui-même, qui donnerait toutes les ruines de Carthage pour un gardon, il avait posé à terre des épuisettes, des pots remplis d'amorces, une trousse de lignes de rechange, et puis déployé, d'une fouaillée de scion sur l'eau, le long crin noué d'un bouchon et qu'un hameçon termine, anxieux déjà de sa première capture, escarmouchant le fretin avant le grand combat, essayant la place, s'applaudissant du choix qu'il en avait fait et se disant qu'il faudrait que les poissons fussent bien bêtes en ne choisissant pas ce site aquatique délicieux pour y venir déjeuner en famille. C'est que Pètenouille — et voilà ce qui révèle le vrai pêcheur — a la prétention de deviner les pensées intimes de ses fritures rêvées. Il considérerait volontiers la pêche à la ligne comme un duel loyal dans lequel les adversaires cherchent mutuellement à se tromper sur leurs intentions, à se faire faire des fautes pour en profiter. Jamais escrimeur sur la planche ne s'était mis en pareils frais de divination. — Ah ! le cochon ! disait-il de temps en temps, quand il était convaincu que le poisson venait de parer une de ses bottes. Mais il disait cela très bas, parce qu'il savait qu'il est défendu de parler sous les armes. Ce jour-là, le poisson, tout aux langueurs automnales sans doute, n'était pas de force. Car Pètenouille commença de lui infliger une sérieuse correction. Une, deux, trois, quatre victimes ramenées palpitantes dans l'herbe et y tressautant en décrivant de petits arcs d'argent. Pètenouille s'aperçut alors qu'il avait oublié filet et panier pour mettre sa capture. C'était la faute de sa femme qui se fichait toujours de lui, quand il partait pour la pêche, et qui lui faisait perdre la tête! Mais Pètenouille n'est pas un sot. Il avisa, juste derrière lui, une ornière assez profonde où la pluie avait laissé un lac minuscule aux bords assez hauts pour que le poisson ne pût sauter au-dessus, fermé de toute part par des accidents de terre ou de pierre. C'était une boutique naturelle que la nature offrait à son embarras. Il y accumula des captifs qui, le dos presque au ras de l'eau, semblaient courir sur le fond de vase, exhalant, de leurs bouches haletantes et trouées, de petites bulles d'air ressemblant à des perles, agitant nerveusement leurs nageoires inutiles comme des oiseaux blessés leurs ailes ou comme des dames rageuses leur éventail pendant un spectacle ennuyeux. Ah! comme il s'applaudissait vraiment de son idée, tournant le dos à ce spectacle d'agonie, buvant le grand air à pleines bouffées et trouvant que les poissons n'avaient jamais été si intelligents, en leurs loyaux tournois.

### III

— Hue! là! Hé! Polyte! et un bruit de branches s'écrasant sur quelque chose de dur. C'est Ursule Migoulet qui encourage son âne avec une gaule encore feuillue cueillie en chemin sous les noisetiers, et dont elle lui caresse l'arrière-train, rudement huchée qu'elle est elle-même sur l'échine de son arcadique monture. Mais Polyte ne s'émeut pas. A peine d'un ballottement d'oreilles proteste-t-il contre cette leçon de choses. Polyte n'en met pas plus vite, l'un devant l'autre, ses pieds qui sonnent sur les cailloux comme le fer d'un briquet. Pourquoi se serait-il hâté? Il faudrait que l'âne fût un animal bien peu galant pour ne pas préférer le poids d'une jolie fille, agréablement tiède, et le rythme harmonieux de deux jambes bien faites autour de son flanc en face d'un sac de farine ou d'une pyramide de fagots. Il ne me paraît pas exact qu'un âne se soit jamais beaucoup enorgueilli de porter des reliques! mais j'en ai vu souvent se pavaner, avec une volupté coquette, sous les beautés paysannes qu'ils emmenaient au marché. Polyte, d'ailleurs, bien qu'il eût très soif, savait parfaitement que sa maîtresse ne le mènerait pas boire à même l'étang, où lui-même n'eût pas aimé à se mouiller les jambes. Car les bourriques ont beaucoup moins de goût pour l'hydrothérapie que les hippopotames. Et Ursule Migoulet en était pour ses cinglées de bois pliant. La belle créature que c'était tout de même, dans sa pose nonchalante d'amazone pacifique, le torse un peu tendu en avant, la tête légèrement dodelinante, la croupe oscillant au rythme du pas de Polyte que scandait le frottement du bas sur la sous-ventrière de cuir. Elle était sortie pour s'amuser, pour cueillir des mûres aux haies, et elle en rapportait un plein panier. Oh! elle n'était pas pressée, non plus, si peu pressée qu'elle s'approcha du pêcheur et descendit pour le regarder. Ce que Pètenouille lui était obligé de cette attention! Il envoyait maintenant à tous les diables la visiteuse dont le jupon rouge mettait, dans l'eau, des tire-bouchons sanglants, dont les poissons devaient être nécessairement épouvantés. C'était un *Mané, Thécel, Pharès* apparaissant tout à coup dans leur festin de Balthazar. Donc Pètenouille était furieux, au lieu d'être ravi; mais je dois à la vérité de dire qu'il s'abstînt, en galant homme, de rien témoigner de sa fureur.

Et Polyte ?

Ah ! ce satané Polyte en faisait une belle pendant ce temps-là ! Ayant aperçu le petit lac qu'avait formé l'ornière et que Pètenouille avait transformé en réservoir à poissons, il y humait avec une telle avidité que goujons, ablettes, gardons lui glissaient au palais en même temps que l'eau, et étaient engloutis à chaque lippée. Il reniflait simplement les plus petits. En quelques secondes, l'étang vivant fut tari et, tout à fait rafraîchi, Polyte se mit à braire en mode majeur et tout à fait joyeux. Ce bruit harmonieux fit retourner, en même temps, Ursule Migoulet et Pètenouille.

— Vas-tu te taire, braillard ! fit celle-ci en allongeant à l'âne et sur le museau une gifle qui le fit éternuer.

Mais celui-là était muet, pâle, blême de fureur, son premier regard ayant été pour sa boutique improvisée dont un oblique rayon de soleil avait déjà séché le fond.

— Misérable ! hurla-t-il d'une voix étranglée, en abattant le long scion de sa canne sur l'échine en chapelet du baudet.

Polyte fit un bond et disparut dans le taillis à toutes jambes.

— Vous m'avez fait perdre mon âne! fit Ursule, furieuse à son tour. Vous me le paierez !

C'est que Polyte avait pris une course dont on l'eût cru absolument incapable. On le voyait déjà lointain, à travers les éclaircies, fuyant à toutes jambes, en lançant en l'air des ruades hautes comme des fusées. C'est que les goujons, les ablettes et les gardons, vivants encore, lui emplissaient le ventre de grouillements dont il était affolé. Cependant, le mouvement hâtant, chez lui, la digestion, il constata, à trois ou quatre lieues de là, que le calme régnait enfin dans sa Varsovie intestinale. Mieux que le calme. Un bien-être inouï et de bucoliques désirs l'emplissaient. Jamais la nature ne lui avait semblé si belle et l'herbe si parfumée. Les vertus aphrodisiaques du poisson digéré commençaient à agir furieusement sur cet organisme simple, habitué à des nourritures essentiellement dénuées de phosphore. Une grande ivresse d'amour lui secoua les flancs, lui fit tendre les oreilles et battre l'air de ses pattes impatientes, cependant que son mufle soyeux — les naseaux de l'âne sont encore plus délicats à toucher que ceux du cheval — se ridait d'insensibles frissonnements. Et un grand hymne érotique s'exhalait de ses mâchoires ouvertes à se fendre.

Une bourrique vint à passer que montait un lourd paysan. Le pauvre diable fut vite à terre et remplacé par le fougueux Polyte. Une autre apparut, traînant une petite voiture. Le fougueux Polyte eut bientôt escaladé les brancards. Ah! la morale asinarienne, qui a certainement sa Ligue comme la nôtre, passa une fichue après-midi ! Polyte repeupla de petits baudets tout un canton qui commençait à en manquer. Après quoi, épuisé, haletant, délicieusement victime de sa folie, il se coucha au revers d'un fossé et mourut de la plus enviable des morts.

## IV

Pendant ce temps-là, Pètenouille, un peu calmé, avait regardé Ursule, et Ursule, plus résignée, avait souri à Pètenouille. Pètenouille renoncerait à la pêche et lui achèterait un autre âne, plus jeune que Polyte. Ce grand souffle d'amour qu'une matelote vivante avait mise aux poumons d'un ruminant avait traversé l'air sans doute, contagieux et exquisement corrupteur. Et, depuis ce jour-là, Pètenouille n'emporte plus son attirail de pêcheur que pour donner le change à sa femme qui continue à se ficher de lui. Mais c'est lui qui rit en dedans. Car il passe avec Ursule de délicieuses journées automnales, autour de l'étang calme qui se lisse, à l'autre bord, en coulée d'argent clair, n'étant, au milieu, que l'image renversée du ciel où courent de petites fumées blanches !

FIN

# TABLE DES MATIÈRES

Feu Pommier. . . . . . . . . . . . . . . . . . . . . . . 1
Phonographie. . . . . . . . . . . . . . . . . . . . . . 11
Méprise. . . . . . . . . . . . . . . . . . . . . . . . . . 21
Petits papiers . . . . . . . . . . . . . . . . . . . . . 31
Le louis neuf. . . . . . . . . . . . . . . . . . . . . . 43
Histoire vraie. . . . . . . . . . . . . . . . . . . . . . 57
Le pommier. . . . . . . . . . . . . . . . . . . . . . . 67
Les souliers de Rose. . . . . . . . . . . . . . . . . 79
Coucou. . . . . . . . . . . . . . . . . . . . . . . . . . 91
Amours austères. . . . . . . . . . . . . . . . . . . 103
Le secret d'Eusèbe. . . . . . . . . . . . . . . . . . 113
Le petit saint Antoine . . . . . . . . . . . . . . . 123
Abélard. . . . . . . . . . . . . . . . . . . . . . . . . 135
L'homme-crapaud. . . . . . . . . . . . . . . . . . 147
Callipyges propos. . . . . . . . . . . . . . . . . . 159
Le gendarme. . . . . . . . . . . . . . . . . . . . . 169
Conte oriental. . . . . . . . . . . . . . . . . . . . . 179
Le nouveau commandeur . . . . . . . . . . . . 189
Bonté royale . . . . . . . . . . . . . . . . . . . . . 199

| | |
|---|---|
| Le léopard | 213 |
| Erreur n'est pas compte. | 223 |
| Lothaire | 233 |
| Science occulte | 243 |
| Le change | 253 |
| Conte russe | 263 |
| Le malaisé | 273 |
| Le fétiche | 283 |
| Le joli Pépé | 295 |
| Rêve bourgeois | 307 |
| Paysage | 317 |

ÉMILE COLIN — IMPRIMERIE DE LAGNY

Original en couleur
NF Z 43-120-8

www.ingramcontent.com/pod-product-compliance
Lightning Source LLC
Chambersburg PA
CBHW060635170426
43199CB00012B/1559